走遍世界
很简单

ZOUBIAN SHIJIE HENJIANDAN

马来西亚大探秘

MALAIXIYA DATANMI

知识达人 编著

成都地图出版社

图书在版编目（CIP）数据

马来西亚大探秘 / 知识达人编著 . — 成都 : 成都
地图出版社 , 2017.1（2021.5 重印）
（走遍世界很简单）
ISBN 978-7-5557-0303-7

Ⅰ . ①马… Ⅱ . ①知… Ⅲ . ①马来西亚—概况 Ⅳ .
① K933.8

中国版本图书馆 CIP 数据核字 (2016) 第 094289 号

走遍世界很简单——马来西亚大探秘

责任编辑：	张　忠
封面设计：	纸上魔方

出版发行：	成都地图出版社
地　　址：	成都市龙泉驿区建设路 2 号
邮政编码：	610100
电　　话：	028 - 84884826（营销部）
传　　真：	028 - 84884820

印　　刷：	唐山富达印务有限公司

（如发现印装质量问题，影响阅读，请与印刷厂商联系调换）

开　　本：	710mm×1000mm　1/16		
印　　张：	8	字　　数：	160 千字
版　　次：	2017 年 1 月第 1 版	印　　次：	2021 年 5 月第 4 次印刷
书　　号：	ISBN 978-7-5557-0303-7		
定　　价：	38.00 元		

前　言

　　美丽的大千世界带给我们无限精彩的同时，也让我们产生很多疑问：世界上到底有多少个国家？美国到底在什么地方？为什么奥地利有那么多知名的音乐家？为什么丹麦被称为"童话之乡"？……相信这些问题经常会萦绕在小读者的脑海中。

　　为了解答这些问题，我们精心编写了这套《走遍世界很简单》系列丛书，里面包含了世界各国丰富的自然、地理、历史以及人文等社会科学知识，充满了趣味性和可读性，力求让小读者掌握最全面、最准确的知识。

　　本系列丛书人物对话生动有趣，文字浅显易懂，并配有精美的插图，是一套能开拓孩子视野、帮助孩子增长知识的丛书。现在，就让我们打开这套丛书，开始奇特的环球旅行吧！

路易斯大叔

美国人，是位不折不扣的旅行家、探险家和地理学家，足迹遍布全世界。

多多

10岁的美国男孩，聪明、活泼好动、古灵精怪，对一切事物都充满好奇。

米娜

10岁的中国女孩，爸爸是美国人，妈妈是中国人，从小生活在中国，文静可爱，梦想多多。

目　录

目　录

　　这天，多多和米娜放学后来到路易斯大叔的住处，一进房间便闻到一股香气。两人馋涎欲滴，多多飞快地跑向厨房，边跑边喊："路易斯大叔，你做了什么好吃的？好香啊！"米娜则走到餐桌前，稳稳地坐在一个最好的位置上，然后说："这回有口福了！没想到路易斯大叔也能做出这么好闻的饭菜。"

"出去！"厨房里传来路易斯大叔的声音，"饭菜很快就可以上桌了，别进来捣乱。"

　　多多被赶了出来，有点讪讪地坐到餐桌旁，对米娜说："你知道吗？在厨房里做菜的不是路易斯大叔，而是另一个大叔，长得十分高大，但做菜的手艺却很高超。我刚才偷吃了一块肉，真的是相当——相当好吃！"

　　很快，路易斯大叔和另一个大叔端着菜走进餐厅，将菜放在餐桌上后，路易斯大叔介绍另一个大叔说："这位就是今天的主厨——杰克大叔。"多多和米娜很有礼貌地打过招呼后，便迫不及待地吃起来。这些菜有的甜酸、有的鲜香、有的微辣，都非常美味好吃，尤其

是一种用竹签串起来的烤肉，沾上浓香的花生酱，好吃得让人连舌头都要吞下去了。多多一边以最快的速度吃着，一边还不时说着："大叔，你少吃点！米娜，你给我留点！"

所有的菜都被吃得干干净净，每个人都吃得有点撑了，尤其是多多，一边揉着圆鼓鼓的肚子，一边不停地喊道："哎哟，哎哟，撑死了，哎哟……"

"这是什么菜呀？"米娜问，"我觉得有点像中国菜，但又不完全像。"

杰克大叔说："这些菜大部分是娘惹菜，你们最喜欢吃的烤肉名

3

叫'沙嗲'，是马来西亚民间的'国菜'。"

　　杰克大叔非常健谈，而且绝对是一个性情中人，说到高兴处便眉飞色舞，说到难过时又会泪花点点。多多和米娜都很喜欢听他说话，他们很快知道了杰克大叔是马来西亚人，但他的祖先是中国广东人，在明朝时期因为经商到了马来西亚，并定居下来。马来西亚的华人很多，他们与当地的马来人通婚，生下来的子女，男子称为"巴巴"，女子称为"娘惹"。娘惹传承了中华妇女的美德，勤劳俭朴，几乎都是烹饪能手，她们将中国菜肴和马来菜肴结合起来，形成了风靡东南亚的娘惹菜。

　　杰克大叔的母亲就是一个烹饪能手，每个吃过她做的娘惹菜的人都赞不绝口。杰克大叔跟母亲学了一些菜式，却比母亲差得远了。制作娘惹菜需要很多香料和调料，而且有些调料是需要事先做好的，为此杰克

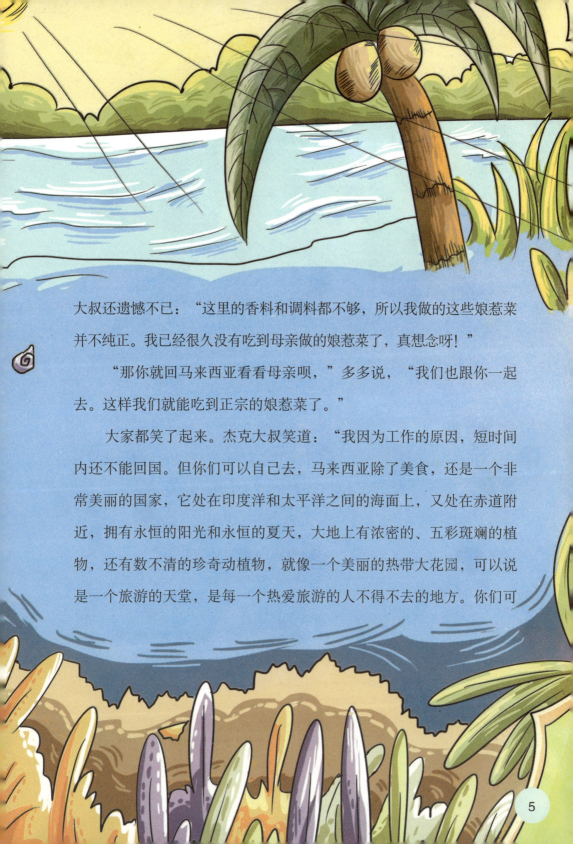

大叔还遗憾不已："这里的香料和调料都不够，所以我做的这些娘惹菜并不纯正。我已经很久没有吃到母亲做的娘惹菜了，真想念呀！"

"那你就回马来西亚看看母亲呗，"多多说，"我们也跟你一起去。这样我们就能吃到正宗的娘惹菜了。"

大家都笑了起来。杰克大叔笑道："我因为工作的原因，短时间内还不能回国。但你们可以自己去，马来西亚除了美食，还是一个非常美丽的国家，它处在印度洋和太平洋之间的海面上，又处在赤道附近，拥有永恒的阳光和永恒的夏天，大地上有浓密的、五彩斑斓的植物，还有数不清的珍奇动植物，就像一个美丽的热带大花园，可以说是一个旅游的天堂，是每一个热爱旅游的人不得不去的地方。你们可

以去原始的热带森林、绵延起伏的山峦、神秘的洞穴……而且马来西亚有1000多个小岛，其中38个已经成为海洋公园；你们还可以欣赏到独特的风俗人情、多姿多彩的舞蹈、精致的手工艺术品……"

听完杰克大叔的介绍，多多和米娜都对马来西亚非常向往。多多对路易斯大叔说："大叔，杰克大叔都说了，马来西亚是不得不去的旅游天堂，我们当然也不能不去吧。大叔，我们什么时候去呀？"

米娜虽然什么也没说，却眼巴巴地看着路易斯大叔，无言地表达着自己的心愿："我想去马来西亚。"路易斯大叔有些无奈地说："好吧，等你们一放假，我们就出发去马来西亚！"

多多和米娜顿时欢呼起来。

第1章

吉隆坡的标志

当路易斯大叔等人乘坐的飞机降落在马来西亚首都吉隆坡时，已经快到中午了。他们一走下飞机，便被那异常灿烂的太阳晃得眯起了眼睛。在烈日的炙烤下，天气非常炎热，三人很快就汗流浃背。

刚走出机场，他们就遇到了杰克大叔的朋友。在他们来马来西亚之前，杰克大叔已与他的朋友打过招呼。寒暄过后，大家乘汽车前往预定的旅馆。在路上他们发现，吉隆坡不愧为一国的首都，公路宽阔

而平坦，两旁矗立着一排排现代化的高楼大厦，路上行人、车辆都很多，一看就是一座繁华的大都市。

透过车窗，只见一路上有很多高耸的椰子树和硕壮的棕榈树，如茵的草地随处可见，五彩缤纷的鲜花将它们点缀得更加美丽。

杰克大叔的朋友介绍说："吉隆坡在马来语中的意思是'泥泞的河口'，一是因为它位于巴生河和鹅麦河的汇流处。第二个原因要从1857年说起，那时这里还只是个矿场，很多华侨来到这里开采锡矿，后来才逐渐发展为城市。因为矿场的尾砂使得河口淤塞，一片泥泞，才得了'吉隆坡'这个名字。现在的吉隆坡已经成为东南亚著名的国际化都市，还被评为世界级城市。"

来到旅馆，把行李放进房间后，杰克大叔的朋友招待多多三人吃了一顿富有马来西亚特色的饭菜，然后又打电话叫来一位很有经

验的向导，将一切都安排好之后，他才离开。多多三人再三对他表示感谢。

　　"只有半天时间，"向导说，"我们就先去观赏一下吉隆坡标志性的建筑吧，分别是双峰塔和吉隆坡塔。"在出发之前，向导还专门带他们去买了雨具，他说："在这里，几乎每天下午都会淅淅沥沥地下一场小雨。"

　　"啊，那不是很不方便？"米娜说。

　　"不会的，请不要把这些小雨当成麻烦。到时候你们就会体会到小雨的好处了，乌云会遮住骄阳，小雨会冲淡高温，给大家带来一个凉爽的傍晚，这样你们就能更好地享受这座充满热带风情的城市了。"

　　当他们走向吉隆坡的市中心时，在一抬眼的瞬间，便看到了三座高塔，其中两座就像一对双胞胎，并排而立，"长相"完全一样，即使远远望去，也能感受到它们气势雄伟，巍峨壮观，两座高高的尖塔

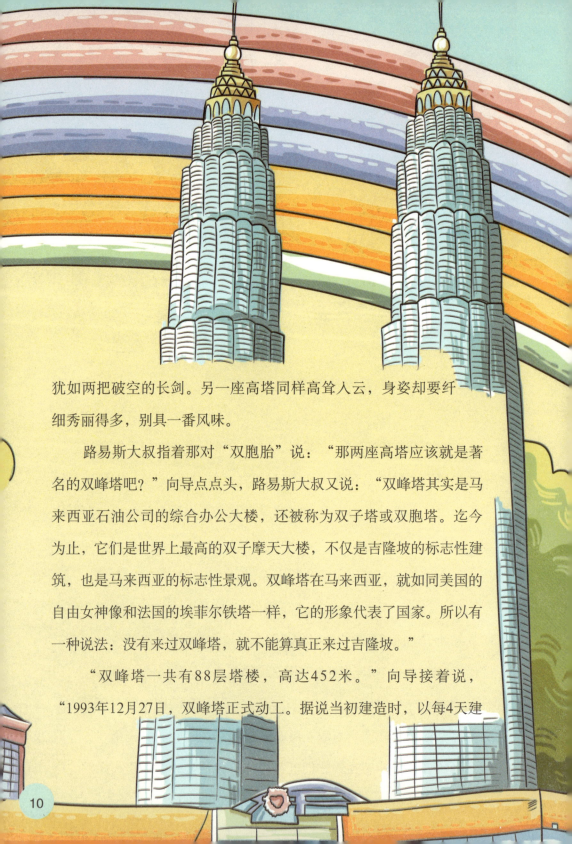

　　犹如两把破空的长剑。另一座高塔同样高耸入云，身姿却要纤细秀丽得多，别具一番风味。

　　路易斯大叔指着那对"双胞胎"说："那两座高塔应该就是著名的双峰塔吧？"向导点点头，路易斯大叔又说："双峰塔其实是马来西亚石油公司的综合办公大楼，还被称为双子塔或双胞塔。迄今为止，它们是世界上最高的双子摩天大楼，不仅是吉隆坡的标志性建筑，也是马来西亚的标志性景观。双峰塔在马来西亚，就如同美国的自由女神像和法国的埃菲尔铁塔一样，它的形象代表了国家。所以有一种说法：没有来过双峰塔，就不能算真正来过吉隆坡。"

　　"双峰塔一共有88层塔楼，高达452米。"向导接着说，"1993年12月27日，双峰塔正式动工。据说当初建造时，以每4天建

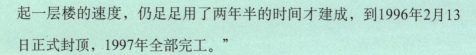

起一层楼的速度，仍足足用了两年半的时间才建成，到1996年2月13日正式封顶，1997年全部完工。”

　　“哎呀，你们看，双峰塔的样子像不像一架巨大的望远镜？”多多忽然喊起来。

　　“是的，很像望远镜。”米娜也说，“我觉得，它们的样子还像两个巨大的玉米。”

　　“没错，没错。”路易斯大叔也连连点头，“我怎么觉得这双峰塔很熟悉——对了，我想起来了！这个场景曾经出现在好莱坞电影《偷天陷阱》中，男女主角就是从这里逃脱的！”

　　“没错，就是这里！”多多和米娜也想了起来。大家顿时对双峰塔的兴趣更加浓厚。

说话之间，他们来到了双峰塔所在的广场。近距离观看，双峰塔更加雄伟壮观，在太阳的照耀下，银光闪闪。多多三人抬头仰望，试图看到它们的塔尖，这时他们终于体会到了什么是真正的插入云天。由于头仰得太厉害，多多头上的旅游帽掉了下来，引起大家一阵哄笑。

　　塔前广场上有很多游人，大家纷纷用照相机对准双峰塔猛拍，有的站着，有的蹲着，有的甚至躺在被太阳晒得滚烫的水泥地板上，为的都是尽量留下双峰塔的雄姿。多多三人自然也少不了拍上几张照片。

　　广场上还有一个美丽的音乐喷水池。在音乐声中，喷水柱忽高忽低，犹如在跳舞一样。中间喷出的水柱可以达到100多米，激射到半空中，然后随风飘洒，晶莹的水珠映射着灿烂的阳光，绚丽多

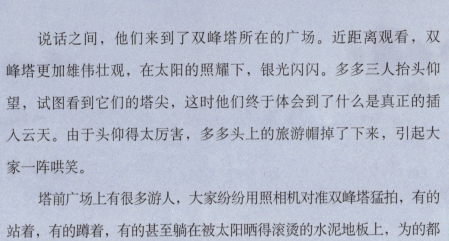

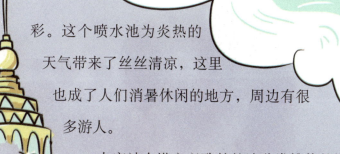

彩。这个喷水池为炎热的天气带来了丝丝清凉，这里也成了人们消暑休闲的地方，周边有很多游人。

大家站在塔旁兴致勃勃地欣赏雄伟的塔楼。在两座塔楼的半腰有一座天桥，将它们连接在一起。天桥下面有一座巨型的人字形支架，支架的两脚分别从两座塔楼伸出来，然后向中间会合，支撑着天桥的中间。

路易斯大叔说："双峰塔有两大特色，是其他建筑难以企及的。一是塔楼表面用的材料主要是不锈钢和玻璃，并且造型是伊斯兰艺术的风格，这是因为马来西亚有伊斯兰文化的传统；另一个特色，就是两座塔楼之间的天桥。这座天桥长达58.4米，在塔楼的第41、42层处，距离地面有170米高，是世界上最高的过街天桥。等会儿你们可以从天桥上观看吉隆坡的全景，那里可是有名的'登天门'呢。"

"那我们赶紧去'登天门'吧。"多多迫不及待地说。

　　于是，他们开始乘电梯前往塔楼。在电梯中，向导说："上天桥的票都是免费限量派发的，但很难领到，往往需要提前排队去领。好在我知道你们今天要来，早早地领到了票。"

　　当他们站在170米高的天桥上，凉风迎面吹来，顿时凉快了许多。站在这里，大家都有了一种气凌霄汉的感觉，似乎已经站在了天空之中，米娜甚至不自禁地幻想起来：飞是一种什么样的感觉呢？

　　低头往下面看去，地面上的一切都似乎变小了很多。抬头远望，吉隆坡美丽的景色便被尽收眼底。碧蓝的天空上漂浮着片片白云，地面上则覆盖着许多绿色植物，婆娑的棕榈树和椰子树摇曳生姿。

　　吉隆坡的四周围绕着一些小山丘，郁郁葱葱的绿色将这座古老的城市包围起来。居高临下，吉隆坡的面貌十分清晰，双峰塔周围处处高楼林立，现代化和科技化发展的痕迹无处不在，异常繁华。再往外围，则是老城区的感觉。那一幢幢建筑物各有各的特色，有的古老，有的时尚，有的与众不同，有的平凡简单。可以看得出城市里的交通规划别具特色，直的、横的、斜的、弯来转去的，没有一个地方的景色一样，但看来看去又好像全都是一个模样。总之，是乱中有序，序中又带乱，好似一幅抽象画，看着什么都不像，但是你看它像什么它就又是什么，十分奇妙。

在大家登高远望时，天上的片片白云渐渐聚拢起来，将烈日遮住，然后小雨开始飘落下来。小雨中的吉隆坡城变得朦胧，让人看不清它的面目，似乎笼上了一层神秘的面纱，具有了一种异样的美丽。

从天桥下来，向导说："双峰塔的1号楼是马来西亚石油公司的综合办公大楼，不对外开放，但2号楼的1—6层是集购物、休闲和娱乐为一体的超大型购物中心，世界主要的名牌都能在里面找到，你们可以进去看看。"

　　但多多三人却对购物没有兴趣，于是他们直接前往不远处的吉隆坡塔，也就是他们刚才看到的纤细秀丽一些的高塔。根据路易斯大叔的介绍，吉隆坡塔是一座电讯塔，它除了具有旅游观光的功能，还是电信、电台和电视台的转播站。吉隆坡塔坐落在海拔94米的咖啡山的山顶上，塔身高达421米，建成时是世界第四高塔，也是让马来西亚人感到自豪的标志性建筑。

　　多多三人怎么也想不到，在高楼大厦的重重包围之中，竟然有一

块长满绿树和草地的森林公园，这就是咖啡山森林公园，里面除了很多奇花异草，还有许多稀有的动物。一走进公园，他们便感到空气清新了许多。

吉隆坡塔就矗立在森林公园的森林保留地上，白色的塔身被绿树环绕，使它更添秀丽。它的塔身从下到上逐渐变细，表面有竖条形的拱肋。塔顶像一个巨型的陀螺，一共分为8层，又像一个莲花底座，与塔身紧密相扣。塔身上面装饰着很多伊斯兰图案，玻璃上镶嵌的伊斯兰图案也到处可见。

"这座塔建成于1996年4月，"路易斯大叔说，"是世界上最高的用钢筋水泥筑成的高塔，一共使用了45000立方米

的混凝土。它的设计体现了浓郁的伊斯兰文化风格。"

吉隆坡塔的地上一层门厅入口处和出口处，都有一个玻璃和金的拱顶，犹如一个巨型宝石的内表面，有许多个闪闪发光的多面体。越接近拱顶的顶点，设计就越精致，描绘出的太阳光线非常逼真。

路易斯大叔说："这一过程代表着人类生命的行程，最终目的是对完美的追求。拱顶的设计、建造和装修，都是由技术高超的伊朗技师完成的，采用的是以前优秀工匠流传下来的传统方法。"

在地上一层，有许多家商店、快餐店、露天剧场和迷你电影院。多多等人走马观花，匆匆走过，然后搭乘高速电梯，用了不到一分钟便到达塔顶。他们首先去的是塔顶的第二层，那里是一个旋转餐厅。

因为这时已经是晚上7点多，几人都有些饿了。餐厅里环境非常优雅，还有音乐区和供游人休息的长沙发。餐厅提供多种多样的食物，有当地名吃，还有西餐，多多三人不约而同地点了当地的名吃。他们一边慢悠悠地享受着美食，一边欣赏着窗外的不停变换的风景，都觉得非常惬意。

吃过饭后，他们来到高达276米的观景台。这时小雨早已停止，太阳也已经落山，凉爽的夜风一吹，几人都忍不住打了个冷颤，感觉有些冷。但他们似乎都没有注意到这点寒意，都被吉隆坡那美丽的夜景震撼了。

　　夜幕下的吉隆坡灯火璀璨，成了一片灯的海洋，犹如繁星闪烁。站在塔顶仰望天空，在灯光和星光的照耀下，云朵若隐若现，使人感觉炫目而神秘。双峰塔也亮起了灯，在灯光的映照下，塔身显得分外晶莹剔透，好像两座水晶塔，在黑暗的半空中反射出夺目的光彩。夜色中的双峰塔比白天更美、更壮观，当真是晶莹璀璨，熠熠生辉。

音乐喷泉

在一些大型广场、主题公园和游乐场等场所，人们经常会看到音乐喷泉，喷出的水柱随着音乐的高低起伏变化着，或许有人会觉得很奇妙。其实，音乐喷泉是在控制喷泉的程序上加入了音乐控制系统。音乐控制系统由计算机完成，然后将信号输入到控制系统，使喷泉喷出水柱的形状、起伏，甚至灯光的变化都与音乐完美结合起来，就像舞台上的表演一样，使人们得到艺术享受。

第2章

皇宫前的风景

休息了一晚之后，多多三人都是神清气爽、精神抖擞，在向导的带领下，开始前往市中心皇宫路的一座山丘，那里有马来西亚的皇宫。

山坡上种了许多树，将皇宫掩映在绿树丛中，远远地只能看见它那金色的圆形屋顶，具有浓郁的阿拉伯风情。在往上走的时候，路易斯大叔说："皇宫是一座阿拉伯风格的建筑，非常漂亮。可惜的是，

皇宫不对外开放，人们只能欣赏到它的外观。即使如此，它的外观以及周围的景色仍然非常美丽迷人，几乎每个来马来西亚的游人都会来看看它。"

"为什么不对外开放？"多多问，"很多国家的皇宫都对外开放呀，马来西亚人真吝啬。"

向导也不生气，笑着说："因为皇宫里还住着我们的国王呢，怎么能随便被打扰。"

"我听说了，这里的国王每5年就要换一次。"路易斯大叔说，"国王是由马来西亚9个州世袭的苏丹轮流担任的，任期为5年，所以每隔5年，皇宫就要更换一次主人。"

米娜说："这种方式，可以套用中国的一句话'皇帝轮流做，明年到我家'。"

大家一听都笑了起来，向导则不住地点头。路易斯大叔还说："国王在马来西亚是伊斯兰教名义上的领袖和三军统帅，但并不掌握实权，更多是一个象征，真正掌握实权的是首相。"

走到山丘上，透过镂空的大铁门，他们终于看到了皇宫。虽然它看起来没有其他一些国家的皇宫那样恢弘壮观、富丽堂皇，但是也有着自己的庄严和辉煌。宫殿的墙是白色的，带着大阳台。宫殿主体呈圆形，中央竖立着一个最大的金色圆顶，大圆顶的正前方是一个小一点的圆顶，外围又散布着5个更小的圆顶。每个圆顶在阳光照射下都是金光闪闪。宫殿前面的旗杆上挂着马来西亚国旗，奇怪

的是中间那根最高的旗杆却没有挂着旗子。

路易斯大叔说："在马来西亚，黄色代表着皇家的尊贵。当皇宫举行欢迎贵宾的仪式时，只有国王能够走在黄色地毯上，贵宾和其他官员则走在红色地毯上。如果国王在皇宫中，中间的那根旗杆上就会挂上一面黄色旗子，今天没挂，说明国王不在里面。"

"这一点倒跟中国的习惯很像，在古代也是只有皇家才能使用明黄色。"米娜说。

皇宫的围墙之内种了许多高大的热带树木，郁郁葱葱，十分茂盛，将皇宫遮蔽在浓荫之下。宫殿的周围有大片平坦的绿色草地。满园盛开着各种美丽的热带花卉，争奇斗艳，五彩缤纷，吸引了很多漂亮的蝴蝶和蜜蜂。

"你们一定想不到，"路易斯大叔说，"这个皇宫原来是一个富有的中国商人的住宅。1926年，这位商人将它卖给了国王，然后才改建为皇宫。当时，这位商人只是象征性地收取了1马币。不过，他提出一个要求，就是在他去世后，要将他安葬在皇宫的旁边。"

　　因为不能进入皇宫里面参观，所以皇宫的大门处就成了游人迷恋不已的地方，很多游客在这里拍照留念。

　　皇宫的大门其实比较简单，是一个不太宽敞的大铁门，以黑色为底，装饰着金黄色的花朵，典雅大方，简单中透出一种高贵。根据向导介绍，上面的花朵是木槿花，那是马来西亚的国花。在铁门的顶部中央和周围的铁栅栏上还悬挂着金色的马来西亚国徽。

　　在铁门两侧各有一个石头建成的岗楼和门洞，门洞的周边装饰着金色的木槿花。岗楼和门洞里面都有一个哨兵在站岗。每个哨兵都长得高大英俊，皮肤黑黝黝的，非常具有男子汉气概。

在岗楼中的哨兵手持刺刀长枪，笔直站立。他们头戴黑色圆帽，中间有一条金色条纹，稍偏左的地方是马来西亚的国徽。哨兵穿的是白色制服，下身除了白色的裤子外还配有绿色带小白点的前裙。肩章、扣子和腰带都是金色的。

门洞中的哨兵都骑着一头棕色的高头大马，他们头戴一顶黑色、硬边带帽檐的军帽，也装饰着金色条纹，但比较宽。他们身穿红色上衣、黑色长裤，脚穿黑色长靴，左手抓马缰，右手持锃亮的马刀，非常威风帅气。哨兵一直保持不动，这不难做到。难得的是，连马儿都老老实实地站在那里，几乎不挪窝，只偶尔甩甩尾巴、摆摆头。

很多游客都争相上前与哨兵们合影。他们纹丝不动地站着岗，任

游客在旁边摆姿势拍照，甚至还略微带笑意，让人感觉十分亲切。多多和米娜与哨兵分别照了几张相，他们更感兴趣的是潇洒的骑兵，多多照完相后，伸手去摸了摸马的脑袋，马儿一甩头，把他吓了一跳。向导忙提醒他："不要去摸马儿，小心点儿，在这里曾经发生过马咬人的事情呢。"吓得多多赶忙离开骑兵。米娜虽然也害怕，却大着胆子，颤颤巍巍地凑到马旁边去照了一张相。

"这些哨兵每天只工作一小时就轮岗，"向导说，"一小时可以挣100元马币，差不多相当于32美元。很多人都非常羡慕这份工作，因为哨兵工作一小时后，脱下制服还可以去干别的事情。你们瞧，换岗的哨兵来了！"向导突然指向一方。

果然从那个方向走来3个穿白色制服的哨兵，领头的一个应该级别较高。他们来到皇宫大门前，然后分别走向一个岗楼。在领头的口令中，他们在岗楼前相互敬礼，完成交接仪式，然后新来的走进岗楼

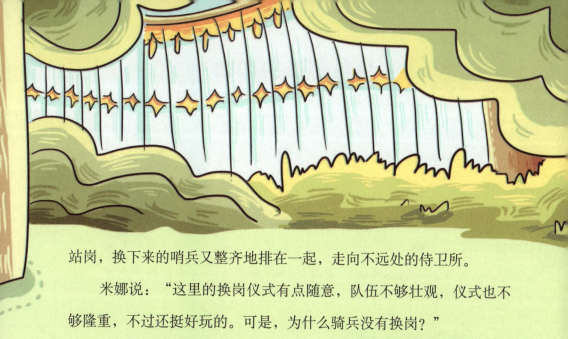

站岗，换下来的哨兵又整齐地排在一起，走向不远处的侍卫所。

米娜说："这里的换岗仪式有点随意，队伍不够壮观，仪式也不够隆重，不过还挺好玩的。可是，为什么骑兵没有换岗？"

"他们不是同时换岗的。"向导说，"要想看骑兵换岗，还得等一会儿。"

于是，为了看骑兵换岗，他们便找了一处树荫坐了下来。20多分钟后，3个骑兵来了，领头的骑着一匹白马，后面两人骑着棕色的马。他们的到来立即引起了众多游人的注意，游客拿起相机不停拍照。骑兵在门洞前完成了交接仪式，虽然不是很隆重，但观赏性很强。

看完了皇宫前的美丽风景，他们恋恋不舍地离开皇宫，向山下走去，准备前往另一个目的地。

马来西亚的国徽

马来西亚的国徽形状有点像古代武士用的盾牌，最上面是一弯黄色新月和一颗有14个尖角的黄色星星。国徽上部排列着5把入鞘的短剑；中间有红、黑、白、黄4条色带；左边是蓝色和白色的波纹海水，还有3根蓝色的鸵鸟羽毛；右边有一棵马六甲树；盾牌下部的左边是一只红、黑、蓝3色飞禽，中间是一朵红色木槿花。这些图案和色彩分别代表了马来西亚的13个州。盾牌两侧分别站着一头凶猛的马来虎，后腿踩在一条金色饰带上，饰带上写着"团结就是力量"。

第3章

见证荣辱兴衰的广场

多多等人来到了吉隆坡市中心的独立广场，那是一个长方形的绿色草坪。当看到有许多人在草坪上游玩，米娜有些担心地说："这么好的草坪，那些人却毫不顾惜地在上面踩来踩去，会把草坪踩坏的。太没有公德心了！"

"没关系，"路易斯大叔说，"这里是热带地区，雨水又多，所

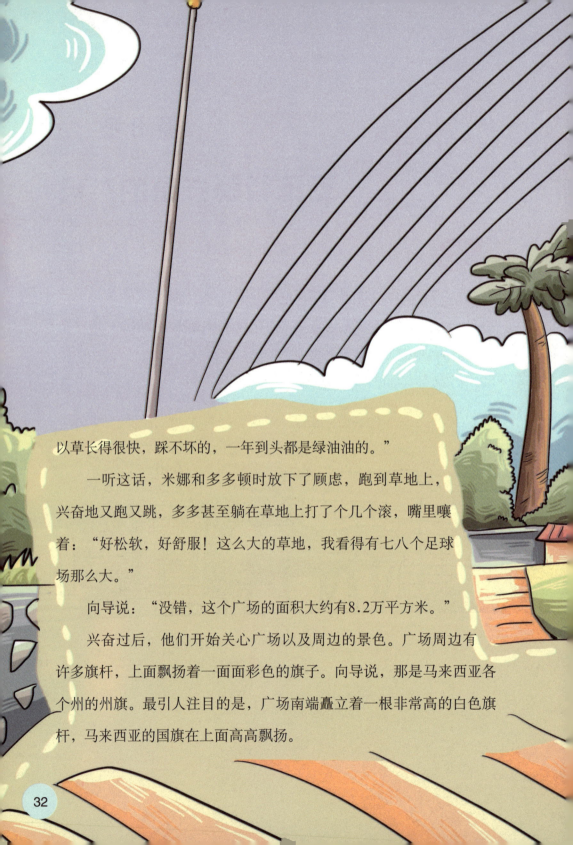

以草长得很快，踩不坏的，一年到头都是绿油油的。"

一听这话，米娜和多多顿时放下了顾虑，跑到草地上，兴奋地又跑又跳，多多甚至躺在草地上打了个几个滚，嘴里嚷着："好松软，好舒服！这么大的草地，我看得有七八个足球场那么大。"

向导说："没错，这个广场的面积大约有8.2万平方米。"

兴奋过后，他们开始关心广场以及周边的景色。广场周边有许多旗杆，上面飘扬着一面面彩色的旗子。向导说，那是马来西亚各个州的州旗。最引人注目的是，广场南端矗立着一根非常高的白色旗杆，马来西亚的国旗在上面高高飘扬。

多多仰头看着旗杆顶部的国旗，惊叹地说："哇，我还是第一次见到这么高的旗杆！"

路易斯大叔说："我听说，在吉隆坡有一根世界上最高的旗杆，高达100米，应该就是它了吧。"

"是的，"向导说，"就是在这根旗杆上，1957年8月31日，英国的米字旗被降下来，而马来西亚的联邦国旗被升上去，从此就一直在上面飘扬着。"

"看来，这个独立广场一定与马来西亚的独立有关。"米娜说。

"确实是这样，"向导的情绪变得有些复杂，既有悲伤又有自豪，接着他说起了马来西亚的曲折历史：

在2000多年前，马来半岛就已经出现几个古国。15世纪初，马六甲王国建立，并征服了各古国。1511年，葡萄牙军队用猛烈的炮火摧毁了马六甲王国，从此开始了对马六甲长达百年的殖民统治。17世纪初，荷兰人赶走了葡萄牙人，成了新的殖民统治者。1786年，英国殖民者又赶走了荷兰人，在1826年组成海峡殖民地，一直到20世纪初。马来西亚沦为英国的殖民地，时间长达171年。二战期间，日本侵入马来西亚，但日本投降后，马来西亚再次沦为英国的殖民地。马来西亚人经过艰苦的斗争，终于赶走了所有的入侵者。1957年8月31日，马来西亚国父东姑阿都拉曼在独立广场庄严地宣布：脱离英国统治，

正式独立建国。

听完向导的话，路易斯大叔说："怪不得广场周边大多数是英国式的古典建筑呢，而且这种在城市中心有一块大大的长方形绿茵草场，也具有典型的英国殖民地城市的特征。"

"可以说，这里见证了马来西亚被殖民的屈辱历史。"向导接着说，"在英国人统治时代，这里被称为皇家雪兰莪俱乐部草场，英国殖民者常在这里举行垒球、网球和橄榄球的比赛。当然，这里也见证了我国正式独立的光荣时刻。"

向导将大家带到广场一边，那里有一块石碑，上面的碑文是用中文刻的，所以就由米娜来读："一九五七年八月卅一日零时一分，马来西亚国旗在这里取代了英国国旗，象征英殖民时代在我国划上句

号。"那时候，数千名来自不同种族、宗教背景的人民聚在一起，共同迎接马来西亚独立时代的到来。"自此，这里就成为独立广场。"

"从某种意义上说，"路易斯大叔说，"独立广场在马来西亚的地位有点像中国北京的天安门广场，每年马来西亚的国庆日，也就是8月31日，都要在这里举行国庆庆典，其他一些重大的节日和庆典，也会在这里举行庆祝活动。"

在广场南侧，他们看到了一个独特的圆形小喷水池，喷水池的主体是用琉璃瓷砖建成的，以绿色为主，还有橙色、黄色和红色等色调，组合在一起非常漂亮，远远看去像一朵巨大的色彩艳丽的花儿。在喷水池主体的中段环绕着8个拱形门，里面各有一个造型奇特、棕色的喷水兽浮雕。晶莹的水花从上而下喷洒下来，使得喷水池更加漂亮迷人。

向导说："据说，这是吉隆坡第一座喷泉，名字叫维多利亚女王喷泉。1897年，英国殖民政府特地从英国定制了这个喷泉，然后托运到吉隆坡组装起来。"

广场周围那些英国殖民时期的建筑，色彩鲜艳，线条也很精美，并融合了伊斯兰教和印度教的一些建筑风格，大多有着马蹄形的拱门和洋葱头形状的圆形拱顶。多多等人欣赏着这些美丽的建筑，觉得十分享受。这里有皇家雪兰莪俱乐部，曾是英国人的娱乐休闲场所，现在则是马来西亚上流社会的人在使用；曾经的旧邮政局，现在是马来西亚的信息、通信和文化部所在地；吉隆坡的城市剧院，原来是旧市政大楼……大多数都有100多年的历史。

在这些建筑中，最雄伟的是位于广场东侧的苏丹阿都沙曼大厦。大厦前面种着几棵高大的椰子树，与粉红色的墙面相映成趣，也将大厦衬托得更加高大壮观。墙面上排列着很多马蹄形的拱门，分上下两层。大厦中央矗立着一座40多米高的方柱形钟塔，四面分别有一座大钟，样子很像英国伦敦的大本钟，所以被称为"马来西亚大本钟"，只是大本钟是尖顶的，而这里的钟塔上面有一个半球形的铜色穹顶。钟楼两侧，分别有一个圆柱形的塔楼，顶部也都有一个铜色穹顶。

向导说："这座钟塔还被称为'大钟楼'，在双峰塔建成之前，一直是吉隆坡的标志性建筑。它于1897年建成，当初设计这幢

大厦的两名设计师都曾在印度住过一段时间，所以设计大厦时混合了印度和阿拉伯的风格。这里曾经是英国殖民者的总部，现在成了马来西亚最高法院的所在地，里面的装饰非常华丽，可惜不对外开放，不允许游人参观。"

"每当独立广场举行重大庆典时，到了晚上，整座大厦就会被五光十色的彩灯照亮，这时的大厦美丽得犹如神话世界中的阿拉伯城堡，既雄伟又带有几分神秘。可惜的是，最近广场没有庆典活动，你们看不到了。"

听完向导说的两个"可惜"，路易斯大叔他们三人都很遗憾，又十分无奈。不管再怎么遗憾和无奈，也只能这样了，好在向导答应带他们去欣赏更多的好地方，才让多多和米娜的怨气稍微平息了一些。

第4章

纪念英雄的地方

　　离开独立广场后，路易斯大叔提出想去看看马来西亚的国家英雄纪念碑。他说那是世界有名的纪念碑，那里不仅仅有纪念碑，而且有一个花园式的建筑群，景色优美，还拥有世界上最大的单体雕塑作品之一。多多和米娜一听，都对英雄纪念碑大感兴趣。向导当然没有意见。

国家英雄纪念碑距离独立广场不远，他们很快就到了。通往花园大门的路非常宽敞，用光滑的大理石铺成，两边还有一些小喷水池。路两边种了许多高大的热带树木，郁郁葱葱的，还有平坦的草地，以及盛开的鲜花。从大门入口可以看见花园里也是绿树葱茏，景色果然十分优美。

大门的门垛有一人多高，由石头建成，分别悬挂着马来西亚国徽。入口往里一些，正中央就是国家英雄纪念碑，在大门门垛的对照下，显得特别高大雄伟。纪念碑由米黄色的石头建成，样式简单大方。纪念碑被一圈水池围绕着，里面的水清澈碧蓝。通过石阶，可以踏上纪念碑的底座。

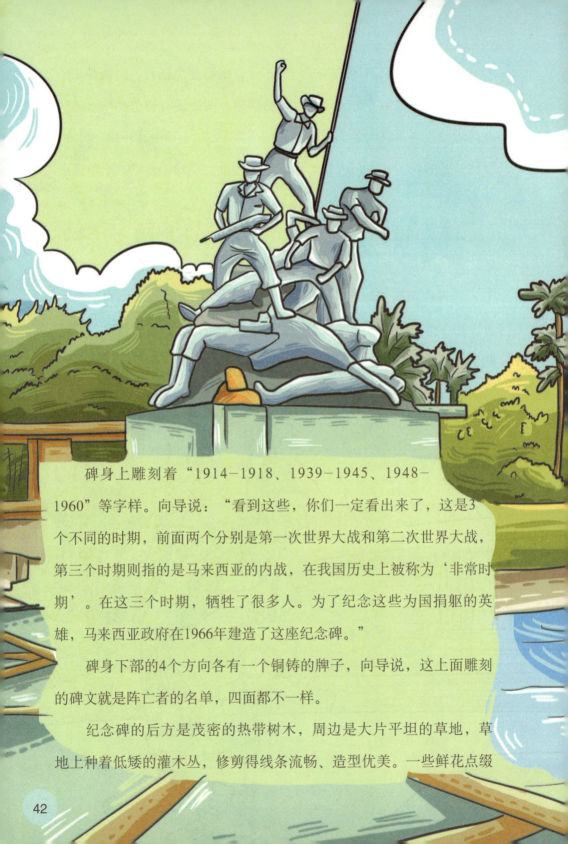

碑身上雕刻着"1914－1918、1939－1945、1948－1960"等字样。向导说："看到这些，你们一定看出来了，这是3个不同的时期，前面两个分别是第一次世界大战和第二次世界大战，第三个时期则指的是马来西亚的内战，在我国历史上被称为'非常时期'。在这三个时期，牺牲了很多人。为了纪念这些为国捐躯的英雄，马来西亚政府在1966年建造了这座纪念碑。"

碑身下部的4个方向各有一个铜铸的牌子，向导说，这上面雕刻的碑文就是阵亡者的名单，四面都不一样。

纪念碑的后方是茂密的热带树木，周边是大片平坦的草地，草地上种着低矮的灌木丛，修剪得线条流畅、造型优美。一些鲜花点缀在草地和树木之间。当大家抬头看向碑顶，就可以看到蔚蓝的天空和洁白的云朵。这一切，都给纪念碑营造了一种静谧、肃穆、庄严的氛围，让每个到这里参观的人都不敢喧哗。

从纪念碑处往花园里面走，大家很快就看到了那个世界上最大的单体雕塑作品之一。那是一座有7位军人的青铜塑像。路易斯大叔说："这座塑像高15.54米，设计师是美国著名的雕塑家威尔顿，它是在意大利铸造的，然后运到吉隆坡。"

7位马来西亚军人昂扬矗立在黑色的大理石底座上，形象逼真，栩栩如生，而且整个雕塑气势非凡，非常雄伟，十分传神地再现了国家英雄的风采。塑像中，两位英雄已经倒地，中间的一位英雄半跪在地上，

试图扶住将要倒地的一位英雄。两边的两位英雄则手提机关枪，目光炯炯，怒视前方，好像要与敌人殊死一搏。站在最高处的那位英雄右手举着国旗，挥舞着左手，似乎在呐喊："为了独立，为了自由，冲啊……"

"从这塑像中，可以看出当年的战争是多么残酷。"米娜感慨道。

向导也略带沉痛地说："在葡萄牙、荷兰、英国殖民统治时期，我国人民为了争取独立，拿起简陋的弓箭、长矛等武器，经过无数次你死我活的战斗，才赢得了独立，希望人们永远不会忘记那些英雄。每年军人日，也就是7月31日，我国的一些领导人就会来这里祭奠那些为国家牺牲的英雄。"

听了向导的话，多多三人也不胜唏嘘。

"对了，"向导又说，"这7位英雄还象征着领导的7种素质：领导能力、苦难的经历、团结、警觉、力量、勇气和牺牲。"

　　在大理石的底座上除了有马来西亚的国徽，还用英文和阿拉伯文雕刻了一些文字，意思是："献给为和平和自由而战斗的英雄们，愿真主保佑他们。"

　　一个环形水池将塑像围绕起来，里面的水池非常清澈，将蔚蓝的天空倒影在水中。塑像后面的水池面积要大许多，里面有一个圆形的小喷泉。喷泉周围是一圈金属做成的睡莲，花瓣和花蕊制作得十分精美。向导说，这些睡莲都是锡制的。

　　塑像后边的水池边上是具有阿拉伯风格的金顶回廊，上面金色的像洋葱头一样的圆顶特别醒目，在阳光下金光闪闪。圆顶的最上方是一弯新月和一个十四角的星星。根据向导介绍，新月代表马来西亚的国教——伊斯兰教，十四角的星星则代表着马来西亚的13个州和政府。

　　回廊下面由黑色金边的柱子支撑着，每根柱子上都悬挂着一面马来西亚国旗。很多游人在回廊下走着，但圆顶的正下方却用铁栏杆围了起来，不能进入，多多等人只好站在栏杆外面，尽力伸长脖子往里看，里面空荡荡的，光滑的大理石地板有非常繁复的花纹；圆顶的内部同样是金色的，也有黑色条纹。

　　参观完这些主要的景点后，他们在花园里的树丛中慢慢走着，一边欣赏着美丽的热带植物，一边感受着树荫下的清凉。

睡莲

　　睡莲是一种名贵的在水中生长的花卉，样子与荷花很像。不同的是，荷花的花和叶子都挺出在水面之上，高出水面一截；睡莲的花和叶子则浮在水面上。睡莲的花有红、白、粉红、黄等多种颜色，十分艳丽，在一池碧水中宛如脱俗的美丽少女，所以有"水中女神"的美誉。睡莲生性喜光，大多在清晨开花，在晚上花瓣就会闭合起来，到了第二天早上又会开放，所以又被人们称为"花中睡美人"。

第 5 章

黑风洞奇遇

　　多多等人坐上一辆汽车，往吉隆坡北面的郊外驶去，他们要去的是距离吉隆坡11千米的黑风洞。在汽车上，米娜开玩笑地说："我总觉得'黑风洞'这个名字很像《西游记》中妖怪住的洞穴，不知道那里是不是也住着妖怪？"

　　"那里当然不会有妖怪，"路易斯大叔笑道，"不过'黑风洞'的

由来倒与妖怪鬼神有关。在科技水平落后的以前，每当清晨和傍晚，住在黑风洞附近的居民总会看到洞里有一股股黑烟，有时飘出来，有时飘进去，他们就以为这是鬼神从洞口出入。后来，印度人来了，在黑风洞的山下建造了一座神殿，想用它镇住鬼神，可是毫无用处，黑烟依然从洞口不断地飘进飘出。再后来，来了一些华人，他们费了许多周折，终于接近洞口，发现了'黑烟'的真相：原来在洞里聚集了成群的燕子和蝙蝠，燕子每天清晨飞出洞口觅食，傍晚飞回洞内；蝙蝠则每天傍晚飞出去觅食，清晨回巢。因为它们都是一大群、一大群的飞进飞出，人们远远望去，就像一股黑烟，黑风洞因此得名。

　　"如今，黑风洞的印度神殿已经成为印度教的圣地，每年在印度

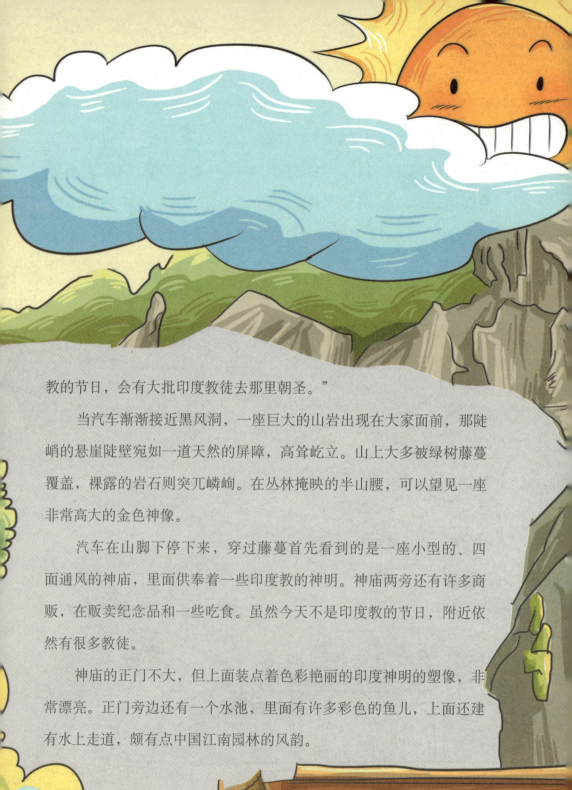

教的节日，会有大批印度教徒去那里朝圣。"

当汽车渐渐接近黑风洞，一座巨大的山岩出现在大家面前，那陡峭的悬崖陡壁宛如一道天然的屏障，高耸屹立。山上大多被绿树藤蔓覆盖，裸露的岩石则突兀嶙峋。在丛林掩映的半山腰，可以望见一座非常高大的金色神像。

汽车在山脚下停下来，穿过藤蔓首先看到的是一座小型的、四面通风的神庙，里面供奉着一些印度教的神明。神庙两旁还有许多商贩，在贩卖纪念品和一些吃食。虽然今天不是印度教的节日，附近依然有很多教徒。

神庙的正门不大，但上面装点着色彩艳丽的印度神明的塑像，非常漂亮。正门旁边还有一个水池，里面有许多彩色的鱼儿，上面还建有水上走道，颇有点中国江南园林的风韵。

正门广场上有很多鸽子，有的在悠闲地走来走去，有的飞飞停停，还有的正在吃游人撒下的食物，与人相处得非常和谐。当多多等人走上广场时，看到有很多鸽子粪，让他们不得不小心翼翼地走路。

在正门广场的后面矗立着一座高大神像，大约有二三十米高，通体金黄色，在阳光下十分闪亮耀眼，这就是他们在远处看到的金色神像。路易斯大叔说："这座神像是印度教中的穆卢干王，是主神湿婆神的儿子，也是印度教中的战神。"

一听说是战神，这座神像在多多和米娜眼中顿时变得威风凛凛起来，似乎镇住了所有的鬼神，又好像在把守着黑风洞的入口。

在穆卢干王神像的对面，也有一座高大的神像，样子像一只猴子，身后有一条长长的尾巴，鼻子和嘴是红色的。它的身

体呈蓝绿色，头戴金冠，身上还带着金色饰物。向导说："它是印度教的神猴哈努曼。"

"哈努曼在印度教中只是一个小神，象征忠心和力量。"路易斯大叔说，"但在这里，看它摩拳擦掌的样子，倒很有唯我独尊的气势。这也难怪，谁让这里猴子多呢。"说完，他指了指那些无处不在的猴子。

从神殿到黑风洞入口的路上，有很多大大小小的猴子在自由自在地跑来跑去，它们一点儿也不怕人，有时候还会围在游人身边讨吃的，甚至会从游人手中抢食物。在广场上，有一个小男孩一手拿着面包，一手牵着妈妈的手。一只小猴子悄悄跟在小男孩身后，趁其不备一下子抢走了他的面包。等小男孩反应过来，猴子早就逃走了。向导忙提醒大家：一定要将身上的手机、太阳镜等东西收好，否则很容易被猴子抢走。

在神像的身后是一条通往洞口的台阶，又高又陡。向导说："这些台阶共有272级，要想进入黑风洞，必须要一级一级地爬上去。"

"噢，天哪，等我爬上去，也许会断气的！"米娜忍不住叫道。大家都笑起来。

"别叫了，我会祝你一臂之力的。"路易斯大叔拉着米娜往台阶走去。

在台阶的起点，有一座牌楼。望向台阶终点，也能看见一座牌楼。牌楼上方有一些造型各异的印度教诸神像，还有一些动物的雕

像，例如孔雀、大象和人面羊身等。这些雕像都是精雕细琢，栩栩如生，而且色彩十分艳丽。

他们开始爬台阶，因为坡度比较陡，所以他们爬得十分吃力，没多久就气喘吁吁，出了一身汗。但让大家最头疼的并不是体能问题，而是那些肆无忌惮的猴子，它们经常横冲直撞，突然出现大家面前，冷不丁吓人一跳。更可恶的是它们常出其不意的"抢劫"，非常嚣张大胆，很多游人被弄得手足无措。多多的旅行帽就差点被抢走，吓得他忙将旅行帽紧紧地拿在手里。

他们爬一段，歇一会儿，接着再爬一段……快接近台阶顶部时，他们抬头看见了洞口周边奇形怪状的山岩和藤蔓，以及那黑乎乎的洞

口，都感到了一种胜利在望的喜悦。

他们终于爬完台阶，站在了黑风洞的洞口外面，一个个累得直喘粗气，并且大汗淋漓，被风一吹，顿时感到凉飕飕的。等缓过劲儿来，路易斯大叔说："黑风洞其实是一个石灰岩溶洞群，一共由3个大洞和大约20个小洞组成，但一些洞穴还没有对外开放，要想参观必须经过马来西亚自然协会的同意。这些洞穴中最有名的是光洞和黑洞。我们现在正对着的就是光洞，我们进去吧。"

光洞的入口有一座印度教的神像，身上的服饰非常华丽，头顶有伞盖，脚下踩着莲花宝座，身边还有一只漂亮的孔雀。

光洞里分为两部分，中间有一段台阶。一走进光洞，便感觉里面阴森透凉。洞内非常宽敞高大，洞顶有一个很大的孔穴，阳光从孔穴照射进来。多多恍然大悟："原来如此，怪不得叫光洞呢。"

　　靠近孔穴的洞壁上生长了许多矮小的树木和藤蔓等，越往下植物越稀少。他们可以听见，洞壁上的草木被风吹得呼啦啦作响，而且因为洞内的回声，耳边会有呜呜的响声。

　　洞顶上垂吊着很多巨型的钟乳石柱，有的像尖尖的大冰凌，有的像玉柱，有的呈帘状……千奇百怪。洞壁上的石头也是凹凸不平，起起伏伏，有很多尖锐的角，样子奇特而古怪。阳光从洞顶的孔穴照射进来，使这些石头更加光怪陆离，景观非常奇特。但米娜非常担心："洞顶的钟乳石会掉下来吗？万一砸到身上就危险了。"

　　路易斯大叔安慰她说："你放心，它们长得很结实，很少会掉下来的。"

　　继续往里走，进入了一个印度教神殿，路易斯大叔说："它就是

印度教的圣地，是在1891年修建的，已经有100多年的历史了。”

这个神殿里有成百座彩绘神像，有男有女，有象头人身的神像，有的站立，有的盘膝而坐，有的有好几个脑袋，有的有很多手臂……总之是造型各异，但无一不是栩栩如生。在一处台阶之上，有一个神像坐在宝座上，手中抱着一个孩子。路易斯大叔说："这是印度教中的苏巴马廉神，传说中它可以让无法生育的夫妇恢复生育能力。"

神殿中有一些灯泡，但发出的光线并不明亮。昏黄的灯光照在众多神像上，产生了一种恐怖阴森的气氛。米娜说："我怎么感觉是很多妖怪在开会呢，有些吓人，我们还是出去吧。"于是，他们往黑洞走去。

黑洞在光洞的隔壁，由巨大的石灰岩组成，从外面可以看到里面

　　一片漆黑，感觉更加阴森。一走近它的洞口，大家就闻到一股很臭的味道。

　　"怎么这么臭？"多多和米娜捂着鼻子问。

　　"因为在黑洞里栖息了无数蝙蝠，"路易斯大叔说，"里面自然堆积了很多蝙蝠的粪便，这可是很好的肥料呢。如果有人想要肥料，只要来拿就行了，蝙蝠会不停地生产。"

　　米娜厌恶地说："这大概是最有'味道'的景点了。香料的味道、人身上的汗臭味、蝙蝠的粪便味，岩洞洞穴的味道，混合在一起，真让人受不了！"

　　多多在一旁却是跃跃欲试："大叔，我们进去看看吧。无数只蝙蝠挂在洞顶睡觉，一定很壮观。"

"你真想进去吗？"路易斯大叔说，"黑洞中小路蜿蜒曲折，有两千米那么长，除了蝙蝠，里面还有白蛇、盲蛇等很多不知名的罕见动物。里面黑漆漆的，我们也没带照明工具，万一遇到毒蛇爬虫，可是很危险的。"

多多一听，立即打消了进黑洞参观的念头。

他们走出山洞，顿觉眼前豁然开朗，灿烂的阳光立即驱散了他们身上的凉意，俯视山下的热闹，甚至有了一种两世为人的感觉。

路易斯大叔大声说："大家都饿了吧，我们现在下山去吃印度美食。刚才我在山下看到有人在做拉茶和飞饼，那可是很好吃的哟。"

多多和米娜欢呼一声，快速往台阶下走去。

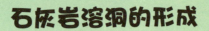

石灰岩溶洞的形成

　　石灰岩溶洞总是出现在石灰岩地区。因为自然界的雨水和地下水大多是酸性的，当它们流经石灰岩表面，或沿着缝隙渗透到岩石里面时，石灰岩就会产生溶解。经过漫长的时间，在雨水和地下水的侵蚀溶解下，会形成许多相互连通的洞穴，并不断扩大。地下水一旦退却，在石灰岩地区就形成了奇妙的溶洞。溶洞中，从洞顶往往会垂下千奇百怪的钟乳石，洞底上则有形态各异的石笋向上伸去。

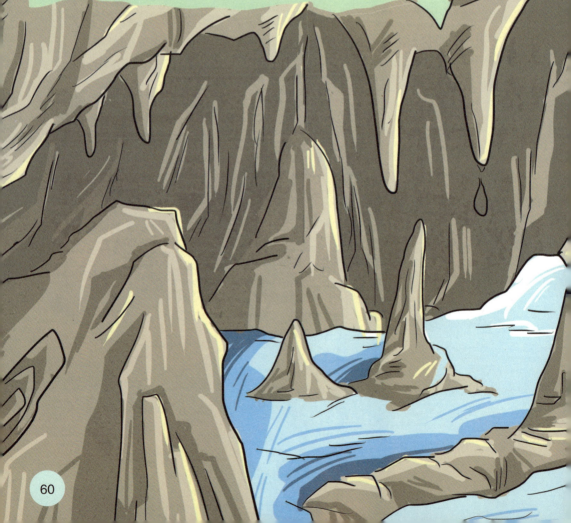

第6章

云端上的娱乐城

路易斯等人离开黑风洞，继续乘车向东北方向行驶。在行驶途中，路易斯大叔说："我们现在要去的是距离黑风洞大约40千米的云顶高原，那里有一座庞大而繁华的娱乐城，还有马来西亚唯一合法的赌场……"

不等路易斯大叔的话说完，多多和米娜便齐声反对："路易斯大

叔，我们大老远的出国旅行是想观赏异国的自然风光、历史古迹和风土人情，可不是为了娱乐，赌博更是万万不可的！"

"这我当然知道，"路易斯大叔笑道，"但云顶高原可不仅仅有这些，它还是世界有名的避暑胜地，也是马来西亚最著名的旅游胜地。据说景色优美，是一处人间天堂，因为山顶经常云雾缭绕，所以又有'云顶乐园'和'云端乐园'的美称。有人说：不到云顶高原，就好像没到过马来西亚。"

"好吧，那我们就去那'人间天堂'看看。"多多和米娜顿时兴奋起来。

不久，汽车来到一座高山的山脚下，山上覆盖着茂密的原始森

林，郁郁葱葱，像一片绿色的海洋。路易斯大叔说："这座山名叫鸟鲁卡里山，海拔1772米，云顶高原的建筑群就在这座山上，有一条盘山公路可以直达山顶。"

他们的汽车沿盘山公路往上开去，不断攀升。透过车窗，他们一路欣赏着公路两边优美的景色。公路的一边是开凿山路时留下的悬崖峭壁，一边则是深幽的绿色丛林，偶尔会看到一段清澈的小溪从山上直泻而下，溅起无数白色的水珠。茂密丛林中的一棵棵树木参天而立，硕大的树冠像撑开的巨伞。奇异的藤萝缠绕在树干之上，将密林编织得更加密不透风。当然，在这绿色世界里，也有其他物种出现。每当这时，多多和米娜就会发出惊呼声："好漂亮的花儿！""哇，我看见了一头野猪！""那是松鼠，好可爱！"……

　　当汽车到达半山腰时停了下来，大家从车上下来，一眼就看到了一座高大的牌楼，富有浓郁的中国特色。牌楼由4根红色的圆柱撑起，飞檐上覆盖着黄瓦。牌楼上方用红、棕和蓝等颜色描绘出精美而繁复的花纹，最上方还盘旋着两条金色的中国龙。在牌楼上，写着4个金色的汉字：蓬莱仙境。

　　这里阳光通透，白云缭绕，山风不时吹过脸颊，而且空气非常清新。四处张望，连绵起伏的群山尽收眼底，让人觉得心旷神怡，的确不愧为"仙境"之名。

　　通过牌楼，他们进入了"仙境"，在里面他们看到了许多红灯笼，以及一些中国特色的建筑和雕像等，其中最引人注目的是一座9层的秀丽宝塔，还有如来佛、观音菩萨和弥勒佛等雕像。在宝塔后面

的山坡上，当米娜看到八仙的雕像时，不禁兴奋地大声说："你们看呀，连八仙都漂洋过海，来到这里'定居'了。"八仙被塑造得姿态各异，身姿风流，非常逼真。

米娜用手指着一座座雕像，向多多和路易斯大叔介绍说："那个穿着红衣、举着象牙板的是曹国舅；身穿蓝衣、坐在石头上吹笛子的是韩湘子；身穿黄衣、背着花篮的是蓝采和；身穿粉衣的是八仙中唯一的女子，何仙姑，她的手中还拿着一枝荷花；坐在石桌旁下棋的应该是吕洞宾和汉钟离，汉钟离的手中还拿着芭蕉扇呢；坐在一边观棋的是张果老；而站着观棋的是铁拐李，他挂着一根铁拐，因为他有一条腿脚不便。"

米娜还兴致勃勃地向大家讲了"八仙过海"的传说，看到这些中

国的建筑和雕像，让她感到非常亲切、非常高兴。

"我知道马来西亚有很多华人，难道这些建筑是华人修建的？"多多忽然问。

"没错，"路易斯大叔说，"云顶乐园的创始人是华人，他名叫林梧桐，1918年在中国的福建安溪出生，幼年时家境贫寒。19岁时，他只带了一点路费，漂洋过海来到马来西亚，经过多年拼搏，从两手空空跻身马来西亚排名前几的富豪。他是从1965年开始兴建云顶乐园的，据说仅修建陡峭的公路就用了7年的时间。可以说，他是中国人和海外华侨的骄傲。"

"好厉害！如果我能见到他就好了。"多多一脸神往地说。

路易斯大叔说："可惜他在2007年去世了。不过，在这里有一座林先生的塑像，我们可以去看看。"

于是，在向导的带领下，他们在一处平台看到了林梧桐的塑像。塑像是灰色的，站在一块石头基座上，穿着一身西装，两手交握，脸带微笑。在他身后的石头上雕刻了几行汉字，米娜读道："上天赋予我们思考说话和行动的能力，只要好好运用这些能力，没有什么不能成功！"

　　多多宣誓般地说："好，以后我就用这段话作为我的座右铭！这样我也能像林先生一样成功的。"

　　在笑声中，他们转去乘坐缆车，因为真正的娱乐城在山顶上。

　　坐在有着大块透明玻璃的缆车里，只觉得忽忽悠悠，缆车慢慢升高、滑向山顶，下面的苍翠树木越来越远，高山和白云却越来越近，

　　大家都有了一种飘然上天的感觉。缆车升到中途，天上忽然下起小雨，大家眼前白茫茫一片，朦朦胧胧，犹如在云雾之中滑行。

　　到了山顶，从缆车中走下来，整个山顶都被云雾包围着，令人有置身于云端之上的感觉。气温也骤然下降，每个人都忍不住打了个冷颤。他们忙拿出长袖的衣服穿上，再看这里的游人也大多穿着长袖衣服。

　　这里的娱乐城果然不同一般，多多和米娜从来没有见过规模如此之大的娱乐城，顷刻间，令人眼花缭乱的各种娱乐项目、光怪陆离的灯光、各种机型的轰鸣声，还有大人孩子的吵闹声……一起向他们扑来，热闹非凡。

　　他们发现了一些全球著名的景点，比如美国的环球步道、意大利的威尼斯、法国的香榭丽舍大道、英国的大本钟等，虽然都是缩小版的，但也让他们感觉好像是在环游世界。

这里的娱乐项目也应有尽有，来到这里的人似乎只有一个任务，那就是玩！可以骑马、游泳、打高尔夫球，坐水中游艇、坐云霄飞车和碰碰车，玩各种游戏机和卡通玩具、看电影……从小孩到老人，都可以找到适合自己的娱乐项目。这里甚至有一个"雪屋"，里面冰天雪地，常年维持在零下5摄氏度，可以进行滑雪。

路易斯大叔等人在各种娱乐设施之间转来转去，看到感兴趣的便去玩一会儿。他们将赌场自动略过，当然在这里，21岁以下的人绝对禁止进入赌场。

　　让他们最感兴趣的是一个空中飞人的体验项目，据说全世界只有3个地方可以体验。他们经过教练短暂的培训后，煞有介事地穿上飞行服，戴上头盔和风镜，然后走进一座管状圆形的空间里。5架巨型风扇同时开动后，空间里掀起时速近200千米的巨风，将他们整个吹了起来。

　　"哇，我飞起来了！"多多兴奋地大喊。

　　"我们是在穿梭时空吗？太美妙了！"米娜也大声说。

　　教练教他们如何飞翔，间隙还做出一些有趣的姿势，有时在空中盘腿仰卧，有时像超人一样飞天。他们也尽力模仿，却很难成功。当时间结束，他们从空间走出来，多多还不服气地说："我怎么就做不出来呢？哼，我要再玩一次！"

　　"得了，再玩一次你也学不会。"路易斯大叔硬把他拉走了。

　　大玩一通之后，天已经黑了。他们走进一家酒店，路易斯大叔边走边说："云顶高原的酒店一共有6118间客房，它作为世界第一大酒店被载入吉尼斯纪录。"他们首先进入的是酒店的大餐厅，里面有上百种美味佳肴，当地的各种美食和中餐、西餐等应有尽有。他们饱餐一顿，然后来到房间，准备休息。

　　第二天一大早，多多和米娜便被路易斯大叔喊了起来。路易斯大叔说："快点起来，我们去看云海。"

　　他们来到山顶的"观景台"，凭栏远眺，顿时就被震撼住了。只见周围都被漫无边际的云包围了，一片茫茫，那或白或灰的云朵浓密而均匀，非常壮阔，而且变幻万千，飘忽不定，让人觉得站在大海之边，却又似海非海。远近的山峦，在云海中时隐时现，宛如大海中的岛屿，在波涛中沉沉浮浮。所有的景物都变得模模糊糊，若隐若现，显得十分神秘而幽远，如梦如幻，仿若人间仙境。

米娜赞叹说："太美了！我觉得自己正站在云端之上，太奇妙了！"

太阳慢慢冲破云海，升了起来，给云海披上了五彩锦衣，使它变得五彩斑斓，更加壮丽。被云海"淹没"的景物也渐渐露出来本来面目，层峦叠嶂，远看郁郁苍苍，近看绿树森森，枝繁叶茂，藤萝缠绕。

娱乐城的人大多都醒来了，云顶高原也"醒"了过来，又开始了一天的忙碌。路易斯大叔等人则收拾起行囊，准备前往下一个景点。

云海是怎么形成的

　　在一些山岳地区经常会出现云海，当站在高山之巅观看云海，漫无边际的云波起峰涌，非常壮观。要想形成云海，需要几个条件：一是空气要比较潮湿。二是风不能太小，否则就只是静止而均匀的云雾；风也不能太大，否则云雾很快会被吹散，最好是两三级的风。三要在海拔比较高的地方才能看到云海。

　　在云顶高原，覆盖着茂密的热带丛林，而且经常下雨，空气比较潮湿，再加上这里的风不大也不小，所以很容易形成云海。

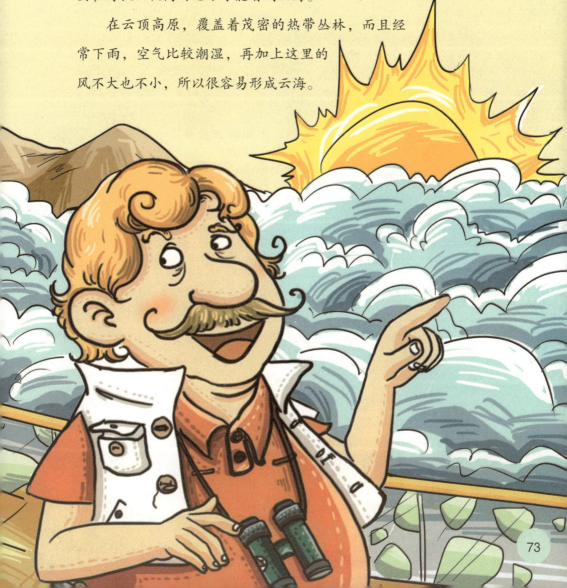

第7章

马六甲的南洋风情

当汽车在公路上行驶时，路易斯大叔忽然让汽车停下来。几人下车后，路易斯大叔指着一座高大的牌楼让大家看。牌楼横跨宽阔的公路两边，上方是红色的。牌楼两侧各有3座风格各异的塔楼：一座淡粉色，六棱柱的塔身，有金色圆顶；中间一座红色，塔身呈四边柱形，上方是两层四边形的坡形顶；一座米黄色，塔身也是四边柱形，上方的尖顶有4个尖角飞檐。

路易斯大叔说："这是爱极乐城门牌楼，造型与马六甲王朝时代的皇宫相似。两侧的塔身正好反映了马六

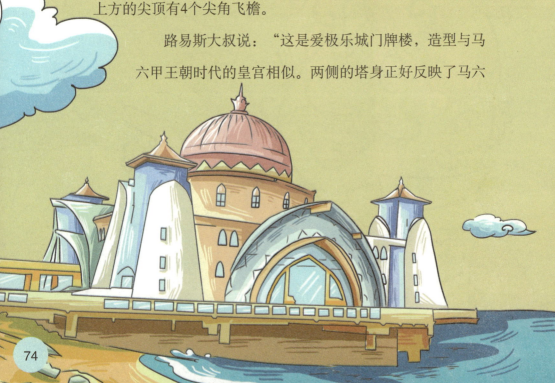

甲州的三大民族，即马来人、印度人和华人的建筑风格。通过这座牌楼，我们就进入了马六甲州的首府——马六甲城，那是一个富有南洋风情的滨海小城。"

他们进入马六甲城后，发现它虽然不大，但干净、清新、色彩鲜艳，十分迷人。走在马六甲城的街头，发现这里安静祥和，既没有吉隆坡满街的车流，也没有吉隆坡遍布的高楼大厦，更没有吉隆坡的喧嚣吵闹。

这里的街道一看就比较古老，曲折而狭窄，汽车刚刚可以通过。街道两旁房屋大多也是比较古老而低矮，但色彩丰富，极有特色，很多人家的门前和窗台上摆放着美丽的鲜花。庭院中、街道上、广场上等地方，热带的树木和鲜花随处可见，将这些古老的建筑装点得更加漂亮迷人。

"哇，多漂亮的车呀！"在一处街角，米娜突然看到一辆三轮车慢慢驶过，车上满是五彩的花，组成美丽的图案。随后，他们还看到许多这样的三轮车，车夫根据自己的喜好用花装饰，形成了一道独特的风景。看着坐在花车里的人，米娜万分羡慕。

　　有一条河流从城市中蜿蜒穿过，缓缓地向南流去。河水清澈，偶尔有游船经过，除此之外，非常安静。路易斯大叔说："这条河名叫马六甲河，流出城市后会流入马六甲海峡。它原本还是一条运输货物的河道，繁忙兴旺，但近年来当地政府禁止运输货物，将它打造成了一条休闲旅游的景观河。"

　　马六甲河的两岸景色优美，种了许多绿树和鲜花，还有许多色彩斑斓的老房子。河边有一些悠闲的人们，有的在散步，有的在聊天，

有的在下棋……

　　路易斯大叔等人沿着马六甲河，向着入海口的方向走去。他们发现河西岸多是具有中国特色的民居，繁华的唐人街就在那里。河东岸则有许多欧洲风格的建筑，包括荷兰的风车和红色房屋，葡萄牙式的建筑，英国的教堂等。这些建筑古色古香，大多有上百年的历史。此外还有马来人的教堂，印度人的神庙等。它们虽然风格不同，却奇异地融合在一起，十分和谐。

　　米娜说："马六甲一定是一个非常古老的城市，我想它比吉隆坡更富有历史底蕴。"

　　"没错，"路易斯大叔说，"它是马来西亚最古老的城市，已经被联合国教科文组织列入国际历史著名城市的名单。哎，这是珍贵的

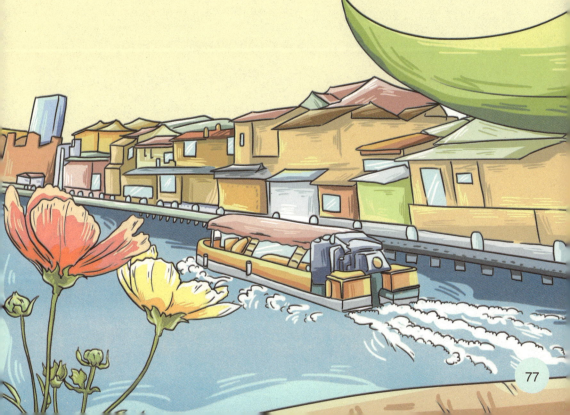

马六甲树吧！"他突然指向一块绿地，那里有一棵高大的树，树形优美，树叶美丽而奇特，是像羽毛一样的复叶，绿色的果实就长在复叶的末端。在这颗树的旁边竖着一块牌子，上面写着：马六甲树。

"这个城市的由来还与马六甲树有关呢。"路易斯大叔接着说，"根据马来纪年的记载，600多年前，马六甲王朝的第一任苏丹拜里米苏拉带领部下，从新加坡逃亡到这里。有一天，他在外面打猎时，在一棵树下休息，而他的猎犬去追捕一只鼠鹿。鼠鹿眼看走投无路，竟然'鹿'急跳墙，转过身来大胆回击其猎犬。猎犬想不到鼠鹿竟会反击，吓了一跳，躲闪之下，掉进了河里。拜里米苏拉见了，兴奋地说：这是一块好地方！连鼠鹿这样弱小的动物都如此勇敢。我要在这里建立一个新王朝。他问部下，这是什么地方？部下也

不知道。他又问部下，他身边的这棵树叫什么名字？部下回答：这是'满剌加树'。于是，他在这里建立了新王朝，并用'满剌加（马六甲）'作为这个地方的名字，马六甲河和马六甲海峡也因此得名。

"之后的数百年，华人、印度人、阿拉伯人、暹罗人和爪哇人陆续来到马六甲，经过长期交流，融合成一种特有的文化。从16世纪开始，马六甲先后被葡萄牙、荷兰、英国等殖民者侵占，他们也在这里留下了自己的风格的建筑。"

听完路易斯大叔的讲解，米娜感慨地说："它也算是饱经沧桑啊，怪不得这里有这么多不同风格的建筑呢。"

说话之间，他们来到了马六甲海峡附近，并站在一处山坡上，向海峡远眺，凉爽的海风不时吹来，感觉非常舒服。海上风平浪静，灰

蒙蒙的大海一望无际，隐约可见几艘船只。烟波浩渺的海峡、蔚蓝的天空、山坡上绿油油的草地，以及山下红色的房屋，共同交织成一幅美丽的画卷。

太阳开始慢慢往下落，天空渐渐被染成红色，海面上也泛起点点金光。随着太阳的下降，天空越来越红，海面也被染成了红色，海鸟们在夕阳余晖下留下美丽的剪影。太阳越落越快，眼看就要与海水相接，这时暗红色变成了主色调，天渐渐黑了。

他们回头望向马六甲河，河的上空已变成深邃的蓝色，两岸的灯光也亮了起来。河面上的灯光与树木、房屋等在河水中的倒影交相辉映，绚丽多彩，有些虚幻，有些迷离。他们看着这些美景，久久舍不得离去。

马六甲海峡

　　马六甲海峡是马来半岛和印度尼西亚的苏门答腊岛之间的一条狭长水道，平时风力很小，大多时候风平浪静。它是一条非常重要的海上通道，扼住太平洋和印度洋的咽喉，并将亚、欧、非三洲联结起来，许多发达国家进口的石油和战略物资，都需要经过这里运送，例如日本每年需要的石油超过90%都必须经过马六甲海峡。每年经过这里的船达到80000多艘，是全世界最繁忙的海峡之一。

第8章

荷兰红屋

　　一夜好眠之后，路易斯大叔他们的游览是从荷兰广场开始的。不论从哪一条路进入马六甲城，都不可能绕过荷兰广场，因为它就处在马六甲的心脏位置，位于马六甲城的中心、圣保罗山脚、马六甲河口的咽喉之处。

　　虽然说是广场，但它其实只是块巴掌大的地方，小巧玲珑，看起

来更像一个街心花园。但它在马六甲城的景观中非常抢眼：周围全是红色的古老建筑，搭配上广场中心的鲜花、喷水池和钟楼的装点，使它成为马六甲城中绝对的焦点，有很多游人在这里流连忘返。

当看到广场上荷兰式的建筑，多多立即说："这些建筑一定是荷兰人修建的。"

"是的，"路易斯大叔说，"当荷兰人用长枪大炮赶走了葡萄牙人，他们就开始在这里修建自己的官邸和教堂，因为这些建筑的墙壁和木头都是鲜艳的红色，所以被当地人称为'红屋'。说起来，荷兰人选的这个位置相当不错：进攻时可以占据马六甲河口，非常方便军舰的出入；防守时则可退到圣保罗山顶，将炮口对准海上。"

不但广场周围的房屋建筑是红色的，连广场地面上铺的地砖也以

红色为主，这一片耀眼的、热情洋溢的红，似乎燃烧了整个广场。广场上种了一些热带绿树，树叶婆娑，树形优美。两者相互辉映，对比强烈，更显得色彩艳丽。

广场中心是一个小小的喷水池，中间有一个玲珑别致的喷泉柱，造型优雅，上面有精美的花朵、人物头像等浮雕，柱子中间一圈是一位女子的头像，面容端庄，脸部线条柔和；顶端的头像是威武的武士，在阳光下目光炯炯地注视着大地。四周有4道喷水柱呈弧形喷向那些浮雕，形成一圈白色水雾，随后细碎的水花又叮叮咚咚地落回水池。

路易斯大叔说："这个喷泉名叫维多利亚女王喷泉，是1904年英国为了纪念维多利亚女王登基60年而修建的。你们看，喷泉中间的女子头像

就是维多利亚女王。据说，修建喷泉所用的石料，全都是从英国运来的，并在这里砌成喷泉。"

"果然是这样的，"米娜喊道，"喷泉柱上还刻着一些英文呢，让我看看刻的什么。"她透过水雾仔细辨认着，"维多利亚女王（1837–1901年在位），1904年马六甲人民为纪念伟大的女王而立。"

喷水池四周有几个精致的小花圃，里面开满了五颜六色的鲜花，还种了一些低矮的灌木。它们独特而优美的造型衬托着中央的喷水池，构成了一幅美丽的图画。广场上等待出租的三轮花车也为它增添了一抹亮丽。

喷水池一边是一座红色的钟楼，呈方柱形，分为3层，顶端是一个坡顶，上面铺着黄瓦。下面一层四面各有一个白色的拱形小门，中间一层四面各有两个白色的拱形小门，上面一层四面各有一面圆形的钟表。路易斯大叔说："钟楼在1883年建成，也是一个著名的古迹。"

喷水池的另一边有一块圆形的草地，上面有5只白色的鼠鹿塑像，姿态各异，样子非常可爱，其中两只分别站在一块大石头上。

广场周边有一座红色的教堂，肃穆而庄严。它的正门呈经典对称，排列着3个拱形门，屋顶是半圆形的，上方有一个塔形墙，中间镂空，里面挂着一口钟。白色的十字架挂在屋顶中间，下面用白色的英文写着：马六甲基督教堂。连它建成的年代"1753"也写在屋顶上，红白相间，更显艳丽。

他们通过拱门步入教堂，感觉立即跳出了红色的热烈，里面的温

度一下子低了许多，色调也变成了凝重的灰色和白色。两边靠墙放着数排有靠背的长凳，呈暗红色，古色古香，雕刻有精美花纹，一看就是历史悠久的古物。果然，路易斯大叔说："这些长凳在这里已经经历了200多年的历史，当时完全是手工雕刻的。"接着，他又让多多和米娜抬头看天花板上的横梁，并说："这里共有17根横梁，每根长15米，每根横梁都是用一根独木雕成，完全没有接口。"

在圣坛上方，一幅世界名画引起了他们的注意，那是"最后的晚餐"，用光滑的瓷砖粘贴而成，非常精美。

　　从教堂出来，他们又走向旁边的一座两层的红色楼房。它上面的窗户是白色的，长方形，一个接着一个排列着。下面的红色木门则是拱形，线条优美，有序地排列着，带有强烈的古典主义色彩。

　　路易斯大叔说："这幢楼是马六甲最古老的荷兰建筑，建于1650年，建造用的红砖都是专门从荷兰运来的。它起初是教堂，后来改为荷兰人的市政厅，现在已经被辟为马六甲历史文化博物馆。"

　　通过厚重的木门，他们进入这座红屋的一楼。里面很宽敞，陈列着马六甲各个时期的一些文物，其中包括葡萄牙、荷兰和英国等殖民时期的物品。在一处展厅，分别摆放着一座葡萄牙、荷兰、英国和日

本士兵并排站立的塑像，他们身穿各自国家的军装，身后悬挂着各自国家的国旗。

"看到这些，"米娜感叹说，"就不能不令人想起马六甲那段被奴役、被侵略的屈辱历史。"

"没错。"多多点头说。

在另一处展厅，则展览了马来人、华人和印度人等各国的传统服饰，这些衣服都穿在一些栩栩如生的塑像身上。米娜指着一个华人女子身上的红色旗袍说："多漂亮的衣服啊，显现出了这位大姐姐的美丽身材，旗袍上绣的花也很漂亮。"

"马来女子和印度女子穿的衣服也很漂亮啊，"多多说，"颜色鲜艳，而且又宽又长，像宽松的袍子一样，一定很舒服。"

博物馆的二楼，被开辟为"郑和文物纪念廊"，里面用各种图片、实物、文字等详细介绍了郑和与马六甲的关系。通过这些资料，他们了解到：郑和是中国明朝时期伟大的航海家，那时马六甲还属于满刺加王朝。郑和曾先后7次下西洋，其中有5次经过马六甲，他给这里带来了中国的丝绸、瓷器和文化等，与马六甲人民建立了深厚的友谊。

等多多看完介绍，米娜颇自豪地对他说："还是我们中国人好吧，多热爱和平。"

"是的，"多多很是慎重地点了下头，"我和路易斯大叔也是热爱和平的！"

当路易斯大叔走到窗前，看到窗外的花园中竖立着一尊郑和的塑像，忙将多多和米娜叫过来。塑像用灰色的石头雕成，远远看去，郑和身穿明朝官服，背后插着一把宝剑，右手背在身后，左手握住剑柄，气宇轩昂。

在这里，他们还看到了一批珍藏的古代中国使用的圆形方孔币，被称为"郑和钱"，上面已生了一些铜锈。更让他们感兴趣的是一些用锡制成的钱币，造型独特，以动物为主，有鸡、鱼和鳄鱼等。上面还刻着汉字，如宝、福、吉、旺、财等。路易斯大叔说："很明显，这些锡制的钱币是远在海外的中国商人为了方便贸易流通，在这里就地取材铸造的。"

从博物馆出来，米娜终于坐上了心仪已久的花车，她高兴地问："你们看我是不是很像公主？"

"你很像公主——"多多拉长了声音，"的侍女！"

"讨厌！"米娜气得叫道。在一片笑闹声中，他们离开了广场。

鼠鹿

　　鼠鹿样子是鹿、鼠、兔的综合体，身披灰黑色的毛发，体型娇小，四肢细长，只比野兔大一点，雄鼠鹿有发达的獠牙。它们动作非常灵敏，奔跑时会像兔子一样跳跃。鼠鹿胆子很小，生性谨慎，所以很善于躲藏隐蔽，白天躲在草丛中，夜晚才出来活动。它们主要生活在东南亚，栖息在湿热的灌木丛和树林里，喜欢吃野果和野花。鼠鹿是马来西亚的代表动物，所有的马币上都有一只小小的鼠鹿。

第9章

追寻郑和的足迹

　　郑和在马六甲是一个家喻户晓的历史人物，当年他曾在马六甲留下了许多足迹，虽然年代久远，但遗迹仍随处可寻。从荷兰红屋出来后，路易斯大叔就决定带大家到在马六甲城东南市郊的三宝山，去追寻郑和的足迹。路易斯大叔说："1406年，郑和访问马六甲时曾驻扎在那座山上，并且经常在山上散步，所以人们就用他的名字将那座山命名为'三宝山'。"

"那不应该叫'郑和山'吗，怎么是'三宝山'呢？"多多奇怪地问。

　　"因为郑和原名叫马三保（宝），"米娜得意洋洋地说，"由于为明朝皇帝立下很多战功，所以皇帝赐他姓郑，改名为和，于是就变成郑和了。"

　　路易斯大叔点点头，说："是这样的。在这里，人们还把郑和尊称为'三宝公'。"

　　他们很快来到了三宝山。这座山不算高，但山峰连绵起伏，山上郁郁葱葱，满是苍翠的绿树，景色优美。

　　"三宝山还有一个名字，"路易斯大叔说，"在1460年，明朝的汉宝丽公主带领500名随从嫁给了

马六甲王国的苏丹。苏丹将公主的随从安置在这座山上，并将这座山赐给他们，还承诺永远不会收回他们居住的地方。所以这座山又被称为'中国山'。"

他们的汽车沿着山坡下的一条水泥路，来到西南面的山脚下，下车后看到，在高大葱郁的热带树木之中掩映着一座小寺庙，有来来往往的很多游人。

寺庙小巧玲珑，白墙、红瓦、黑梁、黑柱，与高高悬挂的大红灯笼交相辉映，完全是中国传统的建筑特色。庙门顶部是有坡的屋脊，屋脊的两角翘起，形成飞檐勾角。屋脊和飞檐上描绘着非常精美的花纹，前面有两只彩色凤凰的图案。

在进入寺庙的时候，庙门前的一棵古老的红豆树引起了他们的注意。这棵树异常高大挺拔，枝繁叶茂，庞大的树冠像撑开的巨伞，完全遮

挡住了热辣辣的阳光，一走到树下就觉得清凉了许多。

"红豆生南国，春来发几枝；愿君多采撷，此物最相思。"米娜背起了诗词，"我想华人在这里种上这棵红豆树，可能是为了表达自己对故乡的思念之情吧。"

红豆树的树干非常粗壮，路易斯大叔三人再加上向导一起试着抱它，居然合抱不过来。多多对米娜说："看来是我们两个胳膊太短了，可能换成两个大人才能合抱。不知道它到底有多少岁了？"

路易斯大叔说："有人说，这棵树是郑和与他的随从一起种植的，虽然这个说法没有得到确认，但它至少有上百年了。"

他们一起往寺庙大门走去，路易斯大叔边走边说："这座寺庙

是当地华人为了纪念郑和而修建的，建于

1673年，据说建造寺庙的一砖一瓦都是从中国运来的。你们瞧，这里

的所有文字都是用汉字写的。"

　　顺着路易斯大叔的手指，多多和米娜看到庙门牌匾上写着3个大

大的金色汉字：宝山亭。路易斯大叔说："华人更喜欢叫它'三宝

庙'，里面供奉着郑和的神位。华人来到这里，往往会点上一炷香，

祭拜郑和，所以这里常年香火不断。"

　　走进庙门下的门廊，看到两侧各有一个麒麟的石像，摇头摆尾，

样子非常可爱。两侧的墙壁上画着壁画，全是中国画，里面的人物也

是古代中国人，很有古典韵味。大门两边还写着一副中

国对联，字迹已有些模糊，仔细辨认后，发现写的是：五百年前留胜迹，四方界内显英灵。

寺庙的正殿很小，大约只有20多平方米，里面香烟缭绕，摆放着香案、香炉、功德箱等，香案上还有鲜花、水果等祭品。他们看到了郑和的神位，还有土地神和妈祖的神像。米娜疑惑地问："好奇怪，这里为什么有其他神仙的塑像，却没有郑和的神像？"

路易斯大叔回答说："据说这里本来拜的是郑和的神像，可是神像好几次被人偷走，所以就改成了神位。不过，我听说在庭院有一尊郑和的铜像，我们去看看吧。"

他们来到后面的庭院，果然看到了郑和的铜像，样子与他们在荷兰红屋看到的塑像几乎一样，但要小得多，还不到1米高。铜像的底座上雕刻了一幅画：几艘轮船在大海中乘风破浪。这倒与郑和下西洋的历史相吻合。

　　从三宝庙出来，他们在附近看到一口井，井口用盖子盖着，样子很不起眼。路易斯大叔说："它叫三宝井，已经有500多年的历史了，在当地是大名鼎鼎。关于这口井有两种说法：一种说法是，郑和在马六甲时，发现这里的人不会打井，喝的是河水，既不方便又不卫生，于是带领将士们挖了这口井，并将打井技术传授给当地人，从此这里的人就喝上了井水。还有一种说法是，马六甲的苏丹为汉丽宝公主挖掘的。这口井的水……"

　　"咦，那人在干什么？"多多忽然打断了路易斯大叔，指着一个男子说。

　　路易斯大叔带着米娜和多多过去，看到那个男子的面前摆着一张桌子，桌子上放着好几杯水。

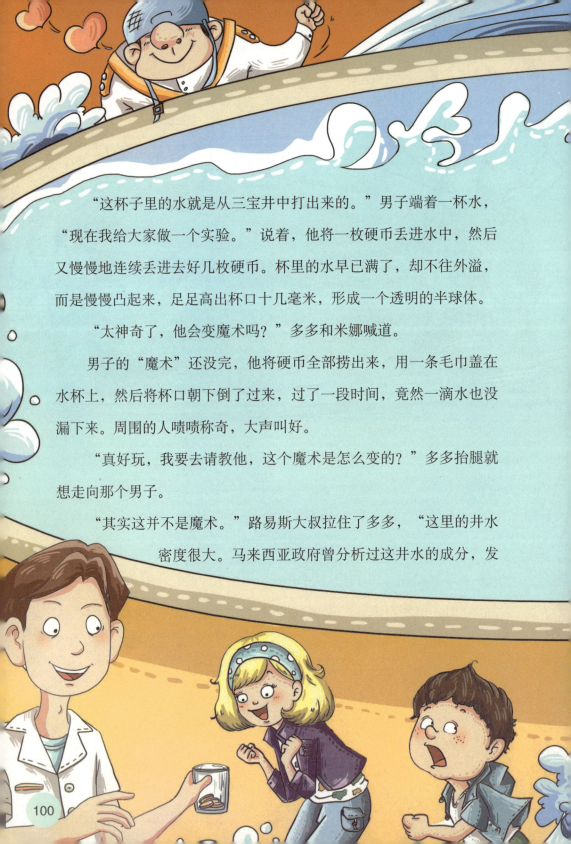

　　"这杯子里的水就是从三宝井中打出来的。"男子端着一杯水，"现在我给大家做一个实验。"说着，他将一枚硬币丢进水中，然后又慢慢地连续丢进去好几枚硬币。杯里的水早已满了，却不往外溢，而是慢慢凸起来，足足高出杯口十几毫米，形成一个透明的半球体。

　　"太神奇了，他会变魔术吗？"多多和米娜喊道。

　　男子的"魔术"还没完，他将硬币全部捞出来，用一条毛巾盖在水杯上，然后将杯口朝下倒了过来，过了一段时间，竟然一滴水也没漏下来。周围的人啧啧称奇，大声叫好。

　　"真好玩，我要去请教他，这个魔术是怎么变的？"多多抬腿就想走向那个男子。

　　"其实这并不是魔术。"路易斯大叔拉住了多多，"这里的井水密度很大。马来西亚政府曾分析过这井水的成分，发

现里面含有很多矿物质，是纯度很高的矿泉，水的密度很大，所以张力也很大，就造成了这种现象。如今，这里的井水已被保护起来，而且规定每个到这里的游客只能品尝一小杯。"

接着，他们兴致勃勃地品尝了这里的井水，这水清澈纯净，喝起来清凉甘甜，非常好喝。

"三宝井还有一个神奇之处，"路易斯大叔又说，"那就是永不干涸，而且始终清澈纯净。在马六甲历史曾出现过多次严重的干旱，最严重时马六甲所有的水井都干涸了，只有三宝井没有干涸。所以，三宝井被当地居民奉为神井，井水则奉为神水。在葡萄牙、荷兰、英国等殖民者闯进马六甲时，这口井也成了他们的必争之井，发生了很多悲壮的故事。"

当他们准备离开三宝山时，在一处碧草如茵的山坡上看到很多坟墓，密密麻麻的，大多用灰色的石头砌成，前面有墓碑，样式如传统的中国坟墓一样。

路易斯大叔说："这里都是华人的坟墓，一共有12500多座，是中国海外最大的华人墓群。当年郑和率领的队伍有一部分人在这里定居下来，并与当地人通婚，繁衍生息。这古老的墓园见证了华裔先辈来到马六甲拓荒、落地生根的历史。每年马来西亚华人举行文化节时，他们文化的薪火都要在三宝山点燃，再传到其他地方，所以三宝山也被华人视为文化宝山。"

看着眼前的坟墓，他们都在感叹历史的沧桑。

第 10 章

印度洋上的绿宝石

　　路易斯大叔等人乘坐的飞机快要降落了，它降落的地方叫作槟城，在马来半岛西北部安达曼海的一个小岛——槟榔屿上，面向印度洋。他们透过飞机上的窗户往下望去。槟榔屿南北长24千米，东西宽15千米，样子很像一只乌龟，被碧蓝的海水包围在中间。岛上绿意盎然，到处都是苍翠的树木，被绿树遮住的房屋建筑偶尔会露出一点儿影子。

　　路易斯大叔说："怪不得人们将槟城称为'印度洋上的绿宝

石',果然全岛都被绿色淹没了。"

一踏上槟城土地,他们就因为这里异常明媚的阳光而眯起了眼睛。太阳似乎对槟城特别慷慨,毫不吝啬地将耀眼光芒抛洒下来,使这里景物多了几分明亮。

"要想触摸最真实的槟城,"向导说,"乘坐人力三轮车是一个很不错的选择。"

于是,他们在向导的带领下,找到一个三轮车的起始站。那里停放着十几辆打扮得花枝招展的三轮车,上面都有一个凉棚,车夫都坐在一边等待顾客。

他们坐上一辆三轮车,发现这种三轮车很特别,乘客坐在前面,而车夫在乘客的后面蹬车。当三轮车行驶起来,周围的景观便慢慢向后退去。顺着平坦的公路,他们开始了槟城之旅。

槟城很安静,没有太多的嘈杂声。大街小巷都十分干净,就像刚用清水冲洗过一样。鸽子和燕子等鸟儿自在悠闲地低飞嬉戏。街道两

旁种满了绿树、碧草和鲜花，美丽的芭蕉摇摆着庞大手臂，似乎在欢迎他们；槟榔树高大挺拔而又摇曳多姿，树顶巨大的复叶像鸟儿的尾羽，青翠的槟榔果就挂在树干与树叶之间。槟榔树散发出一种特有的清香，与鲜花的芬芳混合在一起，沁人心脾。

"这里的槟榔树真多，"米娜说，"到处都能看到，槟城的名字会不会与槟榔树有关呢？"

路易斯大叔说："是的，槟城的名字就是因为遍布全城的槟榔树而得名的，槟城在马来语中的意思就是'槟榔之岛'。"

三轮车拐入了一条铺着旧石板的小巷。车夫说："这里是槟城的老城区，位于槟城中央，叫作乔治城。"

　　乔治城的街道比较狭窄，两边满是中式的房屋，多是老旧的两层房屋，比较低矮。密密麻麻的店铺分列两边，上面挂着用繁体中文写的招牌，里面卖的商品有很多具有中国特色。本地人慢悠悠地在街道上走着，不时会听到带有马来口语的广东话或福建话，音调婉转绵长，很是好听。米娜忍不住说："哎呀，我有一种错觉，我们来到了中国南方的古老城镇。"多多和路易斯大叔也深有同感。

　　在这些充满中国韵味的房屋中，还能依稀看到早年葡萄牙和英国建筑的影子。

　　转过一个路口，他们又看到了许多充满英式风格的建筑。其中有一座白色的塔楼，四面各有一个圆形钟表，最上面是一个黄色的圆顶。路易斯大叔说："1897年，一位华人为了庆祝英国维多利亚女王执

政60周年，捐建了这座塔楼。所以塔楼高60英尺，1英尺就代表1年。"

"在槟城，似乎英国殖民的痕迹更重一些。"多多说。

"没错，事实上，槟城的建立就开始于英国人的到来。"路易斯大叔说，"1786年，英国海军上校弗朗西斯·莱特船长来到这座小岛，当时人烟非常稀少，根据史书记载：那时岛上仅有58人！莱特船长理所当然地将其列入英国海外的殖民地。为了开发小岛，他用真金白银吸引工人，于是马来人来了，印度人来了，中国人也来了。

"在莱特的推动下，槟城迅速发展起来，从一座荒岛变成一个自由港，并建立了用英国国王乔治三世命名的乔治城。因为这里繁荣的贸易，大量中国的商人和劳工纷纷前来，几乎将乔治城变成了'中国城'。直到现在，槟城的华人也是最多的，几乎占到人口的一半。"

离钟楼不远的地方有一座城堡，古朴雄壮，城墙3米多高，基本保存完好，但亦有些斑驳毁损。墙头上有一尊古老的大炮，在岁月的冲刷下已锈迹斑斑。路易斯大叔介绍说，这里就是1786年莱特船长最初登岸的地方。

漫无目的地在老城区沿路而行，他们惊讶地发现：在这块小小的区域中，竟包含着非常多的文化元素，中式的、英式的、印度式的各种建筑都能看到，既有中国的寺庙、英式的教堂，也有马来人的清真寺和印度人的神殿；华人、马来人和印度人共居一处，各有各的传统，各有各的色彩，构成了一种独特的风韵。

在乔治城的边缘，矗立着槟城最高的建筑——空达大厦，这也是槟城唯一高大的建筑，一共有69层楼，里面有购物中心、中西餐厅、

市政局、首席部长和市长办事处等，可谓功能齐全。在第58层，有一个旋转观景台。他们登上观景台，看到了整个槟城，所有的房屋建筑更显得低矮。远处是大海，稍近处是起伏的山丘，青山绿水，丛林密布，如诗如画，充满热带风情。

路易斯大叔说："这里虽然被大海包围，但从来没有遭受过台风、巨浪、暴雨的侵袭，常年都是夏天，阵雨过后便见灿烂的阳光，再加上景色优美，所以还有'东方花园'的美称。"

在观景台上，他们还看到了一座跨海大桥。多多说："虽然这座大桥在这里看起来不算最长、最大，但如果去近处观看，一定很壮观。"

"那是当然，"路易斯大叔说，"它可是

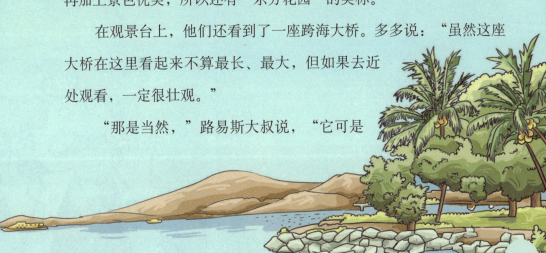

世界第三大桥，长达8320米，距离水面有33米高。它就是有名的槟威大桥，宛如一条长龙，横跨马六甲海峡，将槟城与对面马来半岛上的威斯利省连接起来。"

走下观景台，他们再次坐上三轮车，往旅馆驶去。他们的旅馆靠近海边，房间的窗户都面朝大海。稍微休息了一下，他们沿着一条弯曲的石头小路，穿过一个碧草如茵的花园，来到海边。

海水清澈碧蓝，与蔚蓝的天空、洁白的云朵相辉映，深邃而幽远。沙滩上有许多游人，有的在凉伞下看大海，有的在玩海上的游乐项目，真正下海游泳的人并不多，即使下海，也只在近处。这让多多很疑惑，他问："这么热的天，在海里游泳多舒服呀，尤其是在稍微

深点儿的海水中游泳。他们为什么这样？"

"这里水母很多，"路易斯大叔说，"如果在比较深的海水中游泳，很容易被蜇伤。"

多多和米娜当即打消了下海游泳的想法。

海上的游乐项目有滑翔伞、帆船、皮划艇和水上摩托艇等，一看到有游人来，便有人上前推销。沙滩上，沙滩摩托疾驰而过，掀起一片沙尘；海面上，摩托艇高速冲过，激起高高的水柱，点点帆船则在悠闲而行；晴朗的天空下，缤纷的滑翔伞从天际划过，伴随着兴奋的尖叫……

他们赤脚踏上金色的沙滩，软软的，很舒服。有一个浑身晒得黝

黑发亮的小伙子过来问他们："要不要乘帆船出海？"

"要！"多多和米娜都兴奋地喊。路易斯大叔只好带他们登上了帆船。迎着海风，帆船向大海深处行进，浅蓝色的海水渐渐变成了深蓝色，一波波海浪向船头打来，海鸟在他们头顶飞翔。乘风破浪的感觉果然很爽。

在欢笑声中，帆船回到岸边，他们重新踏上沙滩。这时天色已暗，太阳马上就要落下，望着远处水天相接的景象，他们只觉得一片安宁和恬静。

槟榔树

　　槟榔树是一种热带才有的树木，树干笔直挺拔，没有树枝；树叶很美丽，像舒展的羽毛，一棵树往往有七八片大叶子。在叶子中间，突出来一根浅绿色杆子，指向天空，那是卷着的嫩叶。新的树叶长出来，老的树叶则会脱落，在树干上留下一圈一圈灰褐色的花纹。

　　槟榔树的花长在叶柄底下，淡黄色，一串串的。花落后，会长出槟榔果，比鸡蛋小一点，里面含有槟榔子，可以制成药品。

113

第 11 章

探秘原始森林

路易斯大叔等人来到沙捞越州，游览了一些地方后，觉得这里还是一个比较自然、原生态的地方，游人也不是很多，这正是他们喜欢的。这天，他们来到在河海交汇处的半岛上，这里遍布原始的热带森林，其中最著名的就是巴哥国家公园，他们就要进入原始森林去探秘了。

　　他们乘汽车到达河口的码头，然后坐上一艘小快艇，同行的还有其他4人。快艇驶入大海，溅起阵阵浪花，吹着凉爽的海风，让人神清气爽。远处海天相接，云雾之中隐藏着几座青山，隐约可见。不到半个小时，海面上横空出现几座巨岩峭壁。路易斯大叔说："那就是巴哥国家公园的标志景观。"

　　快艇降下速度，慢慢靠近那些巨岩峭壁。它们高高耸立在海面之上，大约有20～30层楼那么高，犹如巨人一般。岩石上面全是海水侵蚀和风化的痕迹，黑中有黄，黄中有黑，黑黄参杂，有的像巨型蘑菇，有的像小动物，有的像鬼怪……其中有一块巨岩特别像埃及的狮身人面像。

快艇继续缓慢前进，渐渐接近海边。海边有几座相连的峭壁，相互掩映，在岸边碧绿海水衬托下，更显雄伟。海浪不停地拍打着峭壁，发出巨大的轰鸣声，并溅起无数雪白浪花，气势雄壮。米娜忍不住脱口而出："乱石穿空，惊涛拍岸，卷起千堆雪。"

　　快艇绕过峭壁，停靠在浅海滩。大家看到海滩之后山峦起伏，绿林密布。大家走下快艇，脱鞋下水上岸，然后踏上一条长长的、灰白色的木质栈道，走向密林深处。一股青草绿叶的清新气息扑面而来，温和而湿润，让人放松。多多深深地吸了几口气，然后眯着眼说："好舒服！我感觉全身的毛孔都舒展开了呢。"

　　森林中的小路狭窄而曲折，有的地方有木质栈道，有的地方则树

根盘绕、崎岖难行，需要手脚并用攀爬前行。

小路两边是参天大树和高高低低的灌木丛，其间缠绕着青翠的藤萝，将森林编织得更加密不透风。地上掉落了一层厚厚的叶子，踩上去十分松软，好像地毯一样，而且发出"沙沙"的声音，使森林显得更加深邃寂静。

"进入森林后，"向导提醒大家，"大家一定要跟紧团队，而且不要大声说话，否则会吓跑动物的。"

"那我们会不会遇到凶猛或有毒的动物呀！"米娜有些担心地问。

"不会的，"路易斯大叔说，"巴哥公园里最多的动物是猴子，

据说并没有危险的动物，所以不用害怕。"

木质栈道渐渐走完，大家走上雨林山路，两旁长满叫不出名字的野生植物，有时会出现一些洞穴和瀑布。一路上，耳边不时响起虫鸣鸟语，以及各种兽类的叫声，时远时近。

大家一路走，一路爬，一边还四处张望，或仰头寻找栖息在高大树木上的猴子，或寻找途径林间的动物。

"嘘——"向导忽然向后摆手，让大家停下来。原来前面出现了一只半米多长的大蜥蜴，正不慌不忙地爬过山间小路。

等大蜥蜴爬走，大家又往前走了一小段路，便在高高的大树上发现了几只若隐若现的身影，定睛一看，那是几只毛茸茸的小猴子，身

上的毛是银灰色的，尾巴细长，小小的身子圆滚滚的，脑袋圆圆的，五官精致，又机灵又可爱。

"这是著名的银叶猴。"路易斯大叔很小声地说。

银叶猴灵活地在树木间跳跃，或许是发现了窥探它们的游人，跳跃到更远的树上，很快不见了。大家揉揉发酸的脖子，继续往前走。

经过一个拐弯后，他们看见一片低矮的灌木丛，几只黑黢黢的野猪正在小树下拱来拱去，并不时哼哼着。哈，原来它们在觅食呢。与肥胖的家猪相比，野猪的身子很瘦很长，脑袋也比较瘦长，嘴里长着一对獠牙，耳朵又小又尖，鼻子短小精干，在耳朵和鼻子附近还长着银灰色的长须。它们认真地用鼻子和嘴在地上又刨又拱，寻找地下的

树根、野果等食物。

在多多的印象中，猪是非常温顺的动物，所以他忍不住慢慢走过去，想去摸摸野猪。路易斯大叔忙拉住他，小声说："野猪可不是家猪，它的性情非常凶猛，而且力气很大，连老虎、狮子遇到它，都要避让三分。你贸然走过去，它发起狂来，我可救不了你！"

大家不敢惊动野猪，悄悄地绕开它们，继续往前走。野猪只是抬起头来，用细小的眼睛看了众人几眼，又低头找起吃的来。

一路上，他们还看到一些动物，如蛇、松鼠、和平鸟等。越往上走，山路越来越崎岖难行，密林之中也愈加闷热难熬，多多和米娜几乎没有勇气再坚持下去，路易斯大叔不停地鼓励他们，说很快就到山顶了。

　　半山腰往上，他们惊喜地发现种类繁多的植物群，龙脑香林、红树林、灌木林、各种沼泽植物等等，更多的是叫不出名字的植物。在树林中，他们还发现了一种奇异的蕈类，向导说它们含有丰富的磷，会在黑暗中发光。

　　在一片红树林旁边，向导让大家坐下来休息一下。大家都默默地坐在树叶上，喝口水，喘口气，静静地聆听着森林的声响。突然，一根树枝"啪"的一声落了下来，所有的人都不由自主地抬起头来。树上出现了一只棕黄色的大猴子，体形比一般猴子大两三倍，最奇特的是它长着一个非常大的鼻子，又勾又弯，像一个肉红色的大茄子。看到有人发现了它，忙不迭地逃远了。

　　"这是长鼻猴，"路易斯大叔说，"非常罕见，是婆罗洲岛独有

的动物。它们白天不敢靠近人，到了晚上却常常光顾旅社，偷吃或抢走游客的食物，让人哭笑不得。"

休息过后，大家一鼓作气爬上了山顶。眼前顿时豁然开朗，一片空旷地出现在大家面前，地面凹凸不平，有许多小坑，周边围绕着树林。在这里，他们还看到了一些猪笼草，挂着一个个像小笼子一样的东西。它们有的像手指般细长，通体碧绿；有的像个葫芦，口小肚子大，全身深红色，好像生了锈一样。

在山顶，视野开阔，可以眺望到远处的大海，如果不是烈日炎炎，大家一定不会匆忙下山。而下山的旅程就轻松愉快多了，他们很快就到了山下。

经过许多天的旅游，路易斯大叔等人都被晒黑了许多，显得更加健康。在回程的飞机上，大家依然有些不舍，觉得还有许多好玩、好看的地方没有去，约定有时间再去马来西亚。